学級経営サポートBOOKS

中嶋 郁雄 著

クラス集団に
ビシッと
響く!

「叱り方」の技術

心は熱く
態度は冷静に

**確かな理念と技術があれば、
　　その叱りは子どもに響く**

時には突き放して
「掃除が嫌なら
やめて遊んで
きなさい」

サラリと流して
「静かに!
さぁ教科書を
開いて」

クラスを味方につけて
「ダメなことはダメ!
みんなそう
思わない?」

明治図書

はじめに ● ● ●

　昔であれば，たとえばいじめなどは，教師が間に入って厳しく指導すれば効果がありました。授業中，おしゃべりする子や立ち歩く子は，教師の一喝で行いを正したものです。あからさまに教師に反抗する小学生は皆無に等しく，対教師暴力などは小学校現場では，想像すらできないものでした。

　ところが，現在は違います。子どもを取り巻く社会の環境が変わり，価値観が多様化したことが原因でしょうか？　いじめや学級崩壊，対教師暴力など，現在の小学校現場は深刻な課題をたくさん抱えています。いじめ防止対策推進法の施行や小中一貫教育の推進，5歳園児の教育義務化や道徳の教科化の議論など，学校教育に関する様々な改革が行われています。

　しかし，私たちは教師という立場から，もっと根本の「教育のあり方」についての議論をするべき時なのではないでしょうか？　現在，小学校が抱える様々な問題は，教室で教師がこれまで行ってきた指導の結果として起こっているのだと，謙虚に反省しなくてはならないと思うのです。

　近年，「優しい先生」「親しい先生」「もの分かりのいい先生」が，子どもを理解しているよい教師であるかのように思われる風潮があります。当然，子どもは「優しい先生」「親しい先生」が好きですから，そのような教師は，年度はじめは人気者です。しかし，その優しさが「本物の優しさ」であり，親しさが「本物の親しさ」であるかと問われれば，決してそのようなことはないというのが私の考えです。優しい教師・もの分かりのいい教師のクラスが，ふた月もすれば，騒乱状態になってしまう場合が多いことからも，その優しさは本物ではないと思われても仕方ないのではないでしょうか。考えてみてください，あなたの大切な人が自身を傷つけるような行いをした場合，あなたはその人を本気で叱るのではないでしょうか。大切だからこそ，好きだからこそ，真剣に感情をあらわにして自分の気持ちを伝えるのです。それが，「相手を思う叱りの根本」だということです。子どものことを真剣に考えていれば，いつも優しくてもの分かりのいい教師であり続けることなど不可能に近いと私は考えています。

　本当に子どもの成長・未来を考えるのであれば，時には厳しく叱ることが

必要になります。もしも，子どもを叱ることができない理由が，「子どもとの関係を上手にやりたいから」「子どもに嫌われるのがいやだから」というのであれば，それは，叱ることから逃げているということです。教師の仕事とは，子どもの成長を願う気持ちが根本にあって成り立っています。叱りから逃げることは，教師という仕事を放棄することと同じです。

　長い期間，学校教育は「子どもにショックを与えない」「子どもの気持ちを第一に」といった考え方に傾倒してきました。その結果，子どものもつ柔軟で立ち直りの早い「しなやかな強さ」を鍛え育てることをしないで，打たれ弱く忍耐力のない，わがままな人間を育ててしまったのではないか。それが，現在の学校教育を取り巻く様々な問題として噴出しているのではないか。そう考えるのは，私だけではないはずです。

　「優しいこと」「もの分かりのよいこと」は，子どもとの人間関係を確かなものとするために必要な要素ではあります。しかし，子どものためを思うのであれば，ダメなものはダメと叱り，威厳をもって子どもたちを教え導くことの大切さを忘れてはいけません。子どもは，叱られることによって大切なことを学び，自分を向上させていくと言っても過言ではありません。

　私が教職について四半世紀以上になりますが，「子どもとの接し方が分からない」「子どもを厳しく叱ることができない」という教師が増えています。どのような場面で，どの程度の厳しさで，どのような方法で叱ればよいか分からないという声を聞きます。多くの教師が，子どもの叱り方について悩んでいることを肌で感じてきました。しかし，「叱ることは相手に対する愛情」という原点に立ち返れば，保護者を気にすることも，ましてや子どもに気を遣うことも，全く必要ありません。自信をもって堂々と叱りましょう。

　「目の前の子どもが大好き」「子どものよりよい成長を願っている」

　そんな思いで日々奮闘している先生方にとって，本書がお役に立つことができるなら，これほど光栄なことはありません。

2015年　盛夏

中嶋　郁雄

もくじ

はじめに　3

I章　上手に叱れば子どもはグーンと成長する！

1　「叱ること」は愛情 ……………………………………………… 10
2　「叱る技術」の基礎基本 ………………………………………… 12
3　「上手な叱り方」「下手な叱り方」 …………………………… 14
4　「個への叱り方」「集団への叱り方」 ………………………… 16
5　集団が成長するための叱り方 ………………………………… 18
6　叱らずに叱る …………………………………………………… 20

II章　クラス集団に響く！「叱り方」の技術60

1　思わず叱りたくなる！学校生活での困った場面

❶　時間にルーズなクラス ………………………………………… 22
❷　教師の指示に従わないクラス ………………………………… 24
❸　整理整頓できず教室が雑然としているクラス ……………… 26
❹　あいさつや返事ができないクラス …………………………… 28
❺　乱暴な言葉が飛び交うクラス ………………………………… 30
❻　ケンカがよく起こるクラス …………………………………… 32
❼　教師に反抗的な子がいるクラス ……………………………… 34
❽　いじめがあるクラス …………………………………………… 36
❾　ウソや言い訳が多いクラス …………………………………… 38
❿　きまりを守らない子が多いクラス …………………………… 40
⓫　忘れ物の多いクラス …………………………………………… 42
⓬　学校の物がよく壊れるクラス ………………………………… 44

2 思わず叱りたくなる！ 授業での困った場面

- ❶ 私語が多いクラス ……………………………………………… 46
- ❷ 集中力に欠けるクラス ………………………………………… 48
- ❸ 決まった子ばかりが活躍するクラス ………………………… 50
- ❹ 学習意欲が低いクラス ………………………………………… 52
- ❺ 立ち歩く子がいるクラス ……………………………………… 54
- ❻ 間違いが言えないクラス ……………………………………… 56
- ❼ 理解度の差が大きいクラス …………………………………… 58
- ❽ 姿勢が悪いクラス ……………………………………………… 60
- ❾ 授業をかき回す子のいるクラス ……………………………… 62
- ❿ やる気が感じられないクラス ………………………………… 64
- ⓫ やることが雑で丁寧さに欠けるクラス ……………………… 66
- ⓬ 手悪さをして遊ぶ子が多いクラス …………………………… 68

3 思わず叱りたくなる！ 学級活動での困った場面

- ❶ 何となく重苦しい雰囲気のクラス …………………………… 70
- ❷ 当番活動がうまく機能していないクラス …………………… 72
- ❸ 係活動が休止状態になっているクラス ……………………… 74
- ❹ 掃除をさぼる子がたくさんいるクラス ……………………… 76
- ❺ 友達を気にして好きなことができないクラス ……………… 78
- ❻ 集団意識に欠けたクラス ……………………………………… 80
- ❼ 一生懸命さが感じられないクラス …………………………… 82
- ❽ 校外学習で勝手な行動をする子が多いクラス ……………… 84
- ❾ いつも特定の友達でグループをつくってしまうクラス …… 86
- ❿ 学級イベントが盛り上がらないクラス ……………………… 88
- ⓫ 「力の序列」ができてしまったクラス ……………………… 90
- ⓬ 話し合い後にいつも不平や不満の出るクラス ……………… 92

4 思わず叱りたくなる！ 友達関係での困った場面

① 悪口や陰口があるクラス ─── 94
② 特定のグループの子としか交流しないクラス ─── 96
③ １人で行動する子が目立つクラス ─── 98
④ 友達の物にイタズラをする子がいるクラス ─── 100
⑤ 勉強や運動が苦手な子をバカにする雰囲気のクラス ─── 102
⑥ 仲間外しがあるクラス ─── 104
⑦ 力関係で優位の子が威圧的に振る舞うクラス ─── 106
⑧ 交換日記やメールでトラブルが起きたクラス ─── 108
⑨ 集団で特定の子に嫌がらせをするクラス ─── 110
⑩ 異性に関するトラブルが起きたクラス ─── 112
⑪ 暴力的な行いが目立つクラス ─── 114
⑫ 「自分中心」の子どもが多いクラス ─── 116

5 思わず悩んでしまう！ 保護者対応・職員室での困った場面

① 保護者の前に出ると緊張して話すことができない ─── 118
② 自分の思いが子どもや保護者に伝わらない ─── 120
③ 子どもトラブルに対して保護者から苦情がきた ─── 122
④ 保護者がクレームで学校に来た ─── 124
⑤ いじめ問題を起こしてしまった ─── 126
⑥ 保護者同士のもめごとに意見を求められる ─── 128
⑦ 家庭でも生活習慣を身につけてほしい ─── 130
⑧ 家庭でも学習習慣を身につけてほしい ─── 132
⑨ トラブルが起きたので誰かに相談したい ─── 134
⑩ 先輩教師に教えてほしいことがあるけど ─── 136
⑪ １人でトラブルを処理しきれない ─── 138
⑫ 職員室で陰口をしているのを聞いてしまった ─── 140

I 章

上手に叱れば
子どもは**グーン**と成長する！

1 「叱ること」は愛情

　子どもの頃のことを思い出してみてください。親や教師との思い出で，鮮明な記憶として残っているのはどのようなものでしょう。おそらく，ほとんどの人が，「親や先生には，よく叱られたよ」と，失敗して叱られたことを懐かしく思い出すのではないでしょうか。叱られたことを輝く思い出として，勲章のように大切にしている男性の方も多いと思います。

　元来，子どもに限らず，人から叱られることを好む人はいません。誰でも人から叱られたくないと思っています。特に子どもは，親や教師から叱られることに，とても神経質で恐怖さえ感じています。そうであるにもかかわらず，子どもの頃に叱られたことを大切な思い出として懐かしく振り返る大人が多いのは，一体どういうわけなのでしょう。私は心理学者ではありませんから，専門的には答えられませんが，叱り方を研究している者として言わせていただけるなら，その理由を2つ挙げることができます。

　1つ目は，「愛情を感じているから」です。理由は何にせよ，親や教師は，子どもを真剣に叱っています。叱られる側（子ども）は，恐怖におののきながらも，叱っている相手（親や教師）が自分のために真剣に叱っていることを感じ取るはずです。「先生は，ぼくのためを真剣に思っている」と，叱っている相手の愛情を感じることができるからこそ，反省することもでき，大人になっても懐かしい思い出として残っているのだと思います。

　2つ目は，「感謝しているから」です。叱られたその時は理解できなくても，成長して大人になった時，親や教師がなぜ叱ったのか，その理由や気持ちを理解することのできる日がやってきます。そして，「あの時，叱られなかったら，今，自分はどうなっていただろう」「厳しくしてもらったから，今の自分がある」と叱ってくれた相手に感謝の情がわいてくるのです。

　そう考えると，懐かしい記憶に残るような叱られ方には，叱る側の愛情が満ちあふれています。親や教師は，子どもが好きだから叱る。大切だから叱る。子どものためを思えばこそ叱るのです。

考えてみれば，周りの人に多大な迷惑をかけている場合は別にして，通りすがりの無関係な大人が，悪さをしている子を叱ることは滅多にありません。それはその大人にとって，悪さをしている子どもが，よくしようと心配する対象ではないからです。愛情がない相手に対して真剣に叱る者はいないということです。叱るのは，相手に対する愛情があるからに他ならないのです。
　近頃は，「優しい教師」「理解ある教師」が，理想の教師であるかのような言われ方をします。確かに，優しさや理解することは，相手との人間関係を円滑にするために必要な要素です。子どもは，厳しくない教師，どんなことも受け入れてくれる教師に親近感をおぼえます。しかしその優しさが，本当に子どもの将来を考えた優しさで，相手の成長を考えた上で理解を示しているのかどうか，甚だ疑問を感じます。心の中では子どもの不足を分かっていたり，過ちに気づいていたりしているにもかかわらず，指摘して指導することから逃れているだけなのかもしれません。または，細かいことを指導すると子どもを傷つけてしまうと考えて，我慢しているのかもしれません。
　いずれにしても，叱りや指導から逃れる姿や，よかれと思っての配慮は，子どもに対する無関心以外のなにものでもないと，私は思います。
　全国各地で講演をしていると，想像以上にたくさんの人が叱ることにナーバスになっていることが分かりました。子どもをもつ親でさえ，叱り方が分からないと悩んでいます。それで，叱ることから逃げてしまう人が少なくありません。「子どもに嫌われたくない」「ショックを与えたらどうしよう」と，叱るべきところで叱れない人。叱ることで，信頼関係が壊れたり関係を悪くしたりするのではないかと考えている人もいるでしょう。しかし，それは決して子どもに対して優しいことでも，信頼関係を深めることでもありません。「努力できる人になりたい」「前向きな気持ちで生活したい」と，あなたのクラスの子どもたちは向上心をもっています。子どもは，真剣になって自分を高めてくれる教師を求め，そんな教師との出会いを，待っているのです。
　「叱ることは愛情」です。子どものために，自信をもって堂々と叱ろうではありませんか。

2 「叱る技術」の基礎基本

　よく言われることですが，「怒る」と「叱る」を区別して指導に当たらなくてはなりません。「怒り」も「叱り」も，相手の言動が，カッンと感情にふれることに端を発するという点では同じです。しかし，「怒り」が，自分の憤りを子どもにぶつけるという「自分中心的行為」であるのに対して，「叱り」は，反省を促すことで，子どもの成長を願う**「相手中心的行為」**です。

　「怒り」と「叱り」，両者の共通点と相違点を理解した上で指導に当たらなくては，「叱り」という教育的行為ではなく，「怒り」という反教育的行為を子どもに対して行ってしまう恐れがあります。それを防ぐためには，子どもを指導する時，「子どものためを思って叱ることができるか」ということを，自身に問いかけなくてはなりません。そのためには冷静になっていることが必要ですから，自身に問いかける余裕もない時には，子どもを指導するのは避けた方がよいということになります。

　「叱り」は，時に相手に精神的なショックを与えることがあります。そのことが，相手の反省と成長を促すために効果的に働く場合が多々あります。子どもは，大人が考えるよりも強い精神を持ち合わせています。叱られて落ちこんでいたかと思ったら，次の瞬間には元気よく友達と遊びに興じています。その柔軟さが子どもの強さですから，少々のショックを与えて叱ることも，時には必要です。しかし気をつけなくてはならないのは，子どもに与えるショックは，**教師が意図的に演出したもの**でなければならないということです。意図せずにショックを与えるということは，冷静さを失って，自分の憤りを子どもにぶつけたにすぎません。それは，叱りではありません。

　叱ることの究極的な目的は，**子どもの中に「自律心」を芽生えさせること**だと，私は考えています。子どもはいつか大人になり，自分の力で社会を生きていかねばなりません。いつまでも親や教師が，目を光らせて指導するわけにはいかないのです。ですから，叱り方をはじめとするあらゆる指導において，子どもの「自律」を意識しておかなければなりません。

ところが，特に「叱り」においては，往々にして他律的な子に育てる指導になってしまいがちです。高学年になっても，「先生が恐いからやらないでおこう」と，「恐いから止める」「恐いからやる」という考えしかできない子。親や教師の目が届かないところでは，自分の行動を抑えることができない子がいます。これは，幼い頃から，他律的に育てられたからに他なりません。
　では，自律心を芽生えさせる叱り方にするために，気をつけなくてはならない点を考えてみましょう。

ステップ1　気づかせる
　まずは，子どもに気づかせることから始めます。子どもに「自分の言動が間違っていた」ことや「教師が過ちや失敗を知っている」ことに気づかせるようにします。自分の不足に自身で気づくことから，反省が始まるのです。

ステップ2　納得させる
　子ども自身が，自分がいけないことをしたと気づかせた後は，「いけないことをしたから指導される」ことを納得させなくてはなりません。自分自身が，「悪いことをした」「いけなかった」と気づくことで，教師に叱られることに納得することができます。納得できなくては，反省も改善もできません。

ステップ3　反省させる
　反省させる時，「ここが悪い」「ここを直せ」と教師が子どもに申し渡してはいけません。あくまでも，子ども自身に考えさせることが重要です。自分で考えたことを口にするのが本当の反省というものです。「どこがいけなかった？」「どうすればよかったか？」と問いながら反省させていきましょう。

ステップ4　改善させる
　反省したことを次に生かすことが最も重要です。子どもが考えを改めて行動が変わることで，叱り甲斐も出てきます。「これから，どうするか」を考えさせて，その場の指導を終えます。しばらくその子を観察しておき，改善がみられたら大いにほめることが大切です。
　「子どものために叱る」という叱りの理念を実現するためには，演出やステップなどの技術を使いこなすことが必要になるのです。

3 「上手な叱り方」「下手な叱り方」

　教師であれば，1日のうち必ず1度は子どもを叱っているはずです。ですから，教師は「叱り方のプロ」と言ってよいでしょう。先にも書きましたが，感情や流れに任せて叱るのは，教育的な叱りではありません。確かな理念と技術を身につけてはじめて，子どもに響く叱り方が可能になります。そのためには，真剣な学びと経験が必要になります。何も考えず，ただ叱っていたのでは，いつまで経っても上手な叱り方をすることはできません。

　世の中には，叱り方の上手な人と，下手な人がいます。一概には言えませんが，上手な叱り方にはきまりがあります。意識してきまりに準じた叱り方をすれば，ある程度の効果を発揮します。

〈上手な叱り方のポイント〉
① なぜ叱られるのか理解させる

　叱りは，恐怖を与えることではありません。子どもに反省を促し成長させることです。反省するためには，納得して叱られる気持ちにさせることが必要です。そのためには，叱られる理由を理解させることが絶対不可欠です。

② 人格を叱らない

　誰でも失敗や過ちをしてしまいます。子どもならなおさらのことです。子どもは失敗から学び成長するのです。「失敗するのが当たり前」と大きく構えて叱るようにしましょう。そのことによって，子どもの人格ではなく行為を叱ることができるようになります。「だからあなたは……」「やっぱり君か……」といった，人格を否定する叱り方にならないように気をつけましょう。

③ 一貫性をもたせる

　子どもは「ひいき」にとても敏感です。行き当たりばったり「あの子の時と叱り方が違う！」「なぜ，ぼくにだけ厳しいの？」と，不平不満を抱く子が出ないように，「この場面では必ず声をかける」「このことでは，誰にでも厳しく叱る」といった，一貫性を感じさせる叱り方を心がけなくてはなりません。

④ 全員に周知させる

　持ち物や遊び方のきまりなど，教室には細々とした些細なルールがたくさんあります。子どもが，「これは持って来ていいですか？」と，教師に尋ねてくる場合がよくあります。「その程度のことを……？」と軽く考えてはいけません。よくやる失敗が，尋ねてきた子だけに回答してしまうやり方です。後になって，他の子から，「私の時はダメって言ったのに」などと，不満が出る場合があります。些細なことこそ，大切に扱わなくてはいけないのです。必ずクラス全員のいる前で回答し，全員に周知徹底するようにしましょう。

⑤ 子どもの力を引き出す

　高学年にもなれば，教師に反抗する子も出てきます。叱るのにも気合いが必要で，気苦労も大きくなります。反抗的な子どもを叱る時は特に言えるのですが，「一対一でたたかわない」ということです。教師と子どもとのつながりは，子ども同士のつながりの比ではありません。教師を敵に回すのが平気な子でも，友達を敵に回すことには耐えられません。ですから，一筋縄ではいかない子を叱る時は，「先生の言うことが正しいと思う人は手を挙げて」と他の子の正義心を呼び起こしながら，味方につけていくようにします。

　以上が，上手な叱り方のためのポイントです。この反対のやり方で子どもを叱ると，大変なことになることは容易に想像することができると思います。ところが，頭では理解しているつもりでも，いざ子どもを叱る場面になると，やってはならない「下手な叱り方」をしてしまう人が，案外多いのです。なぜ，そういうことになるのかというと，答えは簡単。「冷静さを失っている」からに他なりません。感情を揺さぶられるのですから，気をつけておかなくては，カッと感情的になってしまうのも無理はありません。怒りのない叱りなどは，あり得ないと言っても過言ではありません。子どものためを思うから怒りの感情がわくのです。しかし，熱い怒りの感情をむき出しにして，子どもに対してはいけません。一歩引いて，冷静さを取り戻して叱らなくてはならないのです。それが，教師の叱り方です。「心は熱く，態度は冷静に」を心がけて，上手な叱り方ができるように努力しましょう。

4 「個への叱り方」「集団への叱り方」

　教師の叱りが，親との叱りと決定的に異なるのが，「集団に対して叱る」ことです。個への叱りは，叱る側（教師）と叱られる側（子ども）との人間関係がある程度築かれていれば，少々下手な叱り方をしたとしても何とかリカバーすることができます（もっとも，下手な叱り方は人間関係を崩してしまうので，子どもとの深い絆を結ぶことなどできないのですが……）。しかし，集団への叱りは，人間関係だけではカバーすることができません。集団心理を理解し，うまく応用しながらすすめなくては，効果が上がらないどころか，クラスの子どもたち全員との人間関係を壊してしまいかねません。同じ叱るのも，個人を叱る場合と，集団を叱る場合とではやり方を変えなくてはならない場合が多々あります。

〈個への叱り〉

① 厳しい叱りは，他の子の目にふれない場所で

　そもそも，子どもは教師から叱られるところを，友達に見られたくないものです。高学年になると，体裁を非常に気にするようになります。問題が深刻であるほど，他の子の目には触れない場所で叱る配慮が必要です。他の子の前で，徹底的に叱りとばしたり謝罪させたりすると，その場はそれで収まったとしても，後に人間関係に亀裂を生じ，様々な問題が出てくる恐れがあります。

② あっさり叱る

　教室を走り回っていたり，靴のかかとを踏んでいたりと，他の子の前であっても，すぐその場で指導しなくてはならない場合が多々あります。このような場合，短くあっさりした叱り方に心がけます。「ストップ」「かかと」のひと言で，子どもは十分理解します。すぐに改善したら，「次から気をつけて」と短く申し渡して終わります。友達に見られていても，あっさり短く叱られていれば，「うっかりしてた」と笑って反省することができます。

③ 反省文で繰り返し指導
　Ａ５判（Ａ４判の半分）の反省文用紙を大量に印刷しておき，教師が気になった子どもの言動について短い反省文を書かせます。たとえば，返事ができなかった子には「返事と私」。敬語で話さなかった子には「敬語と私」。話を聞いていなかった子には「話と私」といった具合に，どんどん反省文を書かせます。毎日，同じことを指導するのは嫌になってしまいますが，反省文を置くだけなので，繰り返しの指導を気楽に行えます。笑って反省文を手渡すだけで余計なことを言わずにすむので，子どもとの関係も良好に保てます。

〈集団への叱り〉
① 常に集団を意識して叱る
　特定の子に対して叱る場合でも，教師の指導は，基本的にクラスの子全員を対象にしていると考えましょう。たとえば，廊下を全速力で走っている子を叱る時，その指導場面を他の子も見ることになります。他の目を意識して叱ることで，周りにいる多くの子に対して指導することにつながります。

② 個から全体へ
　不要な物を持って来ている子がいたら，その子に対する指導とは別に，再度持ち物のきまりについてクラス全員に確認させておくことが大切です。持ち物のきまりや時間のきまりなど，教室には集団で守らなくてはならないきまりがたくさんあります。そのきまりを破る子がいれば，それは個人の問題ではなく，クラス全体に関わる問題という認識に立たなくてはなりません。

③ エスカレートを防ぐ
　子どもは，自分の要求がどこまで通るのか，教師を試しています。「お守りを持ってきていいか？」「サイコロ消しゴムはいいか？」「キーホルダーは？」。1つでも，1人でも許可すれば，要求はなし崩しにエスカレートしてしまいます。「やはりダメ」と言っても，後の祭りです。「ＡさんにはＯＫだった」「あの時は，いいって言った」と，不信感と敵対心をむき出しにして向かってきます。このような状態になるのを防ぐためには，1つの要求・1人の要求は，クラス全体の要求として，全員で確認することが重要です。

5　集団が成長するための叱り方

　教師の仕事は，集団の中で個々の子どもの力を伸ばすことです。個の力がいくら伸びても，個々の力が何倍にも増幅されるような集団でなくては，意味がありません。「個の力を高め合い，発揮できる集団づくり」こそ，教師が求めなくてはならない理想のクラスづくりではないかと私は考えます。

　どんなに力のある子でも，所属する集団が，向上心がなく規律が乱れていては，その子の力が向上することはありません。逆に，集団の雰囲気に染まってしまい，力は低下すると考えるべきです。「朱に交われば朱くなる」ように，子どもは，周囲の環境によって変わるのです。個々の子どもの能力を引き出し高めるためには，学級集団の質を高めることが必要不可欠です。

　では，集団を成長させるためには，どのような叱り方に気をつけなくてはならないのか考えてみたいと思います。

① 統率力を発揮する

　叱る相手によって，子どもの受け入れ方は異なります。昔から，保護者が「先生，叱ってやってください」と担任に頼むことがあります。子どもにとって，担任教師は何よりも恐い存在で，担任の指導には素直に従わざるを得ないと思っている証拠でしょう。クラスの子どもにとって，担任教師はある意味，絶対的な存在でなければ効果的な叱り方はできません。担任が「静かに」と言えば教室が静まり，「注目」と命じれば姿勢を正す。そうであるからこそ，叱りが効果を発揮するのです。教師の言うことを軽く受け流すような子に対して叱っても，響くところはありません。学級集団に教師の叱りを効果的に浸透させるためには，担任教師の統率力が決め手になります。担任が統率力を発揮している学級は，教師の叱りが効果的に子どもに浸透します。そして，子どもが素直に子どもらしく育ちます。担任というリーダーのもとでこそ，子どもは安心して学級の中で活動することができ，素直に指導を受け入れて伸びることができます。集団を成長させる叱り方をするためには，担任が学級のリーダーとして統率力を発揮することが大前提です。

② 叱りの正統性を意識する

　個人にも同じことが言えますが，特に集団を叱るためには「叱りの正統性」が重要になります。「先生が叱るのも仕方のないことだ」「叱られて当然」と子どもに納得させるためには，「正統性」は絶対条件です。特に高学年になると，「なぜ，叱られなくてはならないのか」「叱る方がおかしいんじゃないか」などと，叱られることから逃れるために様々な理由を考えるようになります。言葉にするか否かにかかわらず，叱る理由（正統性）をクラス全員に納得させなければ，次々と反抗して叱られることから逃れる子が出てきます。

　正統性を保つために大切なことは，「年度初めに叱りどころを宣言しておく」「一貫性のある叱り方をする」など，子どもが納得して叱られる姿勢になれる方法を実行していくことです。常に正統性が保障されているかを意識して叱ることが，叱りの効果を高めるだけでなく，学級集団と担任との関係を良好に保つことにつながります。

③ 高め合う叱りを

　個人の力の伸びは，所属する集団の質によって左右されます。質の高い集団づくりのためには，互いが高め合う関係づくりをさせることが重要です。叱り方も，子ども同士で高めさせるやり方を工夫する必要があります。

　たとえば，授業中，おしゃべりをしている子がいたとします。この場面で叱るべき対象は，おしゃべりをしていた当事者だけではありません。友達を注意せず，そのまま放っておいた周囲の子どもたちも，叱りの対象です。休み時間や放課後などは，全くと言っていいほど教師の目は届きません。理想的には，一人ひとりの子が，自律心をもって生活する力を身につけることなのですが，人はそこまで強くはありません。子どもであれば，なおのことです。そこで，「仲間」の力が重要になってきます。友達の間違った行いを指摘し，注意を促す関係づくりを進めるのです。そのような関係づくりこそが，互いを高め合うことのできる集団づくりにつながるのです。「周りで見ていた人，知っていた人，何をしていたの？　どうすべきだった？」友達のことに無頓着にならない集団づくりが，集団の成長を保障するのです。

Ⅰ章　上手に叱れば子どもはグーンと成長する！

6　叱らずに叱る

　私が小学校5年生の時のことです。クラスに教育実習生がやってきました。まだ若い女性でしたから，担任の姿がない時，私を含めて特に男子は勝手三昧でした。ある日の掃除時間のことです。ふざけて遊んでいる私たちの横で，彼女が懸命に床を磨いていました。「先生のくせに注意せんのか？」「叱られても全然恐くないけどな」私の周りで，友達が悪態をついています。

　「やりたくなければ，やらんでいい。注意されなやらんのなら，やらんでいい」床をにらみつけて一心不乱に雑巾がけをしながら，そうつぶやいた彼女の目から，涙がこぼれ落ちました。一瞬，時間が止まったような静けさの後で，私たちはバツが悪くなって，全員，無言で掃除を始めていました。

　あの時の教育実習生の姿が，今でもふとした時に思い浮かんでくるのです。彼女は，私たちを決して叱ってはいません。しかし，私たちは確かに「叱られた」のです。しかも，今でも忘れられないほど強烈な叱りだったのです。

　叱りの目的は，子どもの自律心を芽生えさせ，育てることです。そう考えれば，ことさら厳しい姿勢で子どもに対することをしなくても，叱りの目的を達成することは十分可能です。要は，「これはやってはダメだろう」「私が間違っていた」と，自らを振り返らせ，「過ちを犯さないよう気をつけよう」「次からは，しっかりやろう」と，改善するように身の振り方を考えさせることができればよいのです。たとえば，うだるように暑い教室で，シャンと背筋を伸ばして集中して授業に参加している子がいます。「素晴らしい！この暑いのに，姿勢がいいのは，強い人だね！」このひと言によって，暑さに負けて，目を覆うような姿勢で授業を受けている子どもたちが姿勢を正します。自分自身で「ちゃんとしなければ」と，反省したからに他なりません。

　叱りの成否は，子どもの心をいかに揺さぶることができるかどうかにかかっています。叱ることなく叱る……。無言であっても笑顔でも，子どもに反省と改善の気持ちを芽生えさせることができたなら，それは自律の種をまいたことに違いなく，それこそまさに真の「叱り」ということになります。

II章

クラス集団に響く！「叱り方」の技術60

1 時間にルーズなクラス

思わず叱りたくなる！学校生活での困った場面 1

> 遊びや会話に夢中で，チャイムが鳴っても遅れて教室に入って来たり，時間通りに集合できていなかったりして，授業や全校集会での集合・整列が，時間通りにできない子が多く，困ってしまいます。

こうしよう！

❶ 時間厳守のクラスだと気づかせる

　このような状況が起きるのは，子どもたちに「時間は守らなくてはならない」とう意識がないからです。時間厳守の意識は，時間を守らなければ困ったことになると気づかせ，実感させなくては身につきません。そこで，定刻になったら遅れている子を待たないで，予定通り授業や集会を開始します。授業や集会が始められているところに遅れて入ってくるのは，相当負担を感じるものです。遅れて来た子は，「しまった」と思うことでしょう。時間を守っている子も，「自分は遅れないようにしよう」と，心がけるはずです。

❷ 教師が模範を示す

　授業や集会を定刻通り開始するためには，**教師が時間を守ることが大前提**です。「時間を守れ」と子どもに指導しているのに，いつも教師が遅れて来るというのでは，定刻通りに開始することができないのはもちろんのこと，子どもに範を示すことなどできるはずがありません。
　「時間通りに来ても，どうせ先生は遅れてくるのだから……」
と，子どもはルーズになってしまいます。高学年にもなれば，
　「自分だって，時間を守っていないじゃないか」
と，教師を批判的に見る子も出てきてしまいます。

遅れないようにしなきゃ

入りづらいだろうな…

目立って恥ずかしそう

しまった！もう始まってるよ

困ったことになると実感させることで，時間厳守の意識が身につく！

ここに注意！ NGの叱り方

　いくら厳しく，「時間を守れ」「なぜ遅れたのだ」などと注意したとしても，遅れた子を待って定刻を守らない指導をすると，「時間を守らなくても待ってもらえる」というメッセージを，クラス全員の子どもに送ることになってしまいます。加えて，「教師に怒られる」という，外圧に頼る指導になりますから，時間を守る意識を子どもに芽生えさせ定着させることができません。学年が上がると
　「怒られるのを少々我慢しさえすれば，それでOK」
と，教師の指導を軽んじる子が出てくることさえあり，学級経営に大きな支障をきたす恐れも出てきます。

クラス集団がもっと成長する！ その後指導

　クラス全体に時間厳守の大切さを浸透させることが大切です。遅れて来た子が着席したところを見計らって指名し起立させます。そして，
　「何か，言うことがあるでしょ？」
と，ひと言かけます。子どもが謝罪の言葉を口にしたところで，
　「誰に謝っているのかな？ 授業がストップしてしまったんだよ」
と，クラス全体の問題として考えさせるようにしましょう。

1 思わず叱りたくなる！学校生活での困った場面

1 思わず叱りたくなる！学校生活での困った場面
2 教師の指示に従わないクラス

担任の指示に従わない子がたくさんいます。大きな声で必死に言っているのに，聞いているのは側にいる子だけ。少し離れている子には，全く指示が通りません。

こうしよう！

❶ 全体を意識して指示する

たとえば，整列するように指示を出したとします。すると必ず指示を聞いていない子はいるものです。指示通りに行動できていない子がいた場合の指導で重要なことは，「クラスの子全員に向けて指導する」ことです。
「先生は，何と指示しましたか？　ちゃんとできていませんね」
などと，あくまでクラス全体として指示通りできていないことに対して指導することが重要です。教師がクラス全体を意識して指導することで，一人ひとりの子に指示が浸透するようになります。

❷ 子どもの力を借りる

教師１人で，クラス全員の指導を，完璧に行うことは，不可能に近いことです。教師の目が行き届かないところで，指示を守れていない子が必ずいると考えなければなりません。教師の指示をクラス全体に行き渡らせるためには，子どもの力を借りることが必要です。
「できていない友達がいたら，注意してあげてね」
「ちゃんと，教えてあげてすごいね。自分たちで注意し合えるんだね」
と，互いに教え合い注意し合うことのできる関係づくりを進めることが必要です。

24

> １列に並べていません
> お互い注意し合って！

> ＡくんＢさん
> ちゃんと並びなよ！

全体を意識した指導で，指示を守る雰囲気ができ上がる！

ここに注意！ NGの叱り方

　指示を聞いていない子に対しての個別指導は，基本的には休み時間などに，じっくりと行うようにします。特に，クラス全員を動かさなくてはならない場面での個別指導は，逆効果になる恐れがあるので気をつけましょう。時間をかけてお説教するなどもってのほかです。全体の場で個別指導に時間をかけると，最初はちゃんと指示通りにしていた子の集中力が切れてしまい，全体がざわつき始めます。「自分には関係ないや」ということになります。そのようなことが続けば，クラス全体が徐々に教師の指示に従う意識が低くなり，最悪の場合，クラスが騒乱状態に陥る恐れがあります。

クラス集団がもっと成長する！ その後指導

　指示通りにできた後には，必ずほめることが必要です。この時，気をつけたいのが，叱られた後に行動を改めた子だけをほめるやり方にならないようにしましょう。クラス全体をしっかり認めてあげるようなほめ方を心がけなくては，最初からちゃんとできていた子はやっていられません。
　「さすが，○年△組のみんなは，すごいよ」
など，クラスとして向上したことをほめる言葉を準備しておきましょう。

１ 思わず叱りたくなる！学校生活での困った場面

1 思わず叱りたくなる！ 学校生活での困った場面 3 整理整頓できず教室が雑然としているクラス

教室全体が雑然としていて、集中力や学習意欲が低下してしまい、クラスがだらけた雰囲気になってしまいます。落ち着いて締まったクラスづくりのためにも、整理整頓ができるようにさせたいのですが……。

こうしよう！

❶ 「気づかせる」叱り方を

　クラスのどの子にも、自分の身の回りを整頓する心をつくらせなくては意味がありません。そのためには、「気づかせる」叱り方を心がけます。「整理しなさい」と注意するのではなく、「整理しなくては」と思わせるのです。たとえば、机の下に入っていないイスを、机の上に上げておいたり、イスの上に反省文を置いたりしておきます。子どもは、「なぜ？」と、考え、そして気づきます。それを見て、周りの子も気をつけるようになっていきます。互いに注意をし合うようにもなっていきます。

❷ 定期的な点検で習慣づける

　子どもは活動的ですから、整理整頓などまるで無頓着な子がいて当然と言えば当然です。そこで、特に低学年の間に、整理整頓を習慣づける必要があります。たとえば、毎日の下校前や毎週金曜日の下校前に、身の回りの点検をする時間を定期的に設けます。大切なことは、「整頓しなさい」と、教師が直接指導しないことです。「おわりの会」に、あらかじめ点検時間を設定しておくなどして、**教師に言われなくても、子どもたちが自ら点検して整理整頓するように導き、習慣づけていく**ことです。

子ども自身に気づかせることで、クラス全体の意識が高まる！

ここに注意！ NGの叱り方

　整理整頓が全く身についていない子がいます。机の中がいつも乱雑で、座席の周りには物が散らかっています。このような子には、
　「片づけタイムだよ。机の周りをチェック。自分の物は机の上に……」
などと、クラス全体への指導を通して、やり方を教えながら、整理整頓の心地よさを味わわせるように指導します。
　あまりの乱雑さに、思わず毎日のように、指導して整理整頓させたくなる気持ちは分かりますが、教師が手を貸して整理したり、厳しく叱りとばしたりしてはいけません。他の子から、「ダメな子」というレッテルを貼られる恐れがあるからです。

クラス集団がもっと成長する！ その後指導

　子どもは同じ失敗を何度も繰り返すことを頭に置いておくことが必要です。そう思うことで、「何度言ったら分かるんだ」などと、責めることがなくなります。何度も失敗を繰り返して、徐々に力を身につけていくのが子どもです。あまりにも完璧を求めると、子どもが構えて生活するようになり他律的になってしまいます。クラスの子のよさも見えなくなり、学級経営全体に悪影響を及ぼしてしまいます。

1 思わず叱りたくなる！
学校生活での困った場面 4
あいさつや返事ができないクラス

元気のいいあいさつや，はきはきとした返事を期待して教室に入ると，返ってくるのは，元気のないあいさつと，やる気を感じさせない返事……。こちらまでやる気を失ってしまいます。

こうしよう！

❶ 気分を盛り上げてあげる

　特に休み明けなどは，大人でも気分がのりません。朝から元気がでない子が多いのが当たり前と考えて子どもに接するようにしましょう。すると，「気分を盛り上げるのは教師」という心構えで教室に入ることができます。少々子どもが暗くても，明るく元気に声をかけることもできます。元気のいいあいさつ・はきはきした返事ができるクラスにするためには，**第一に子どもの気分を盛り上げてあげる**ことです。「何となく楽しい。元気が出るね」と，感じさせてあげることです。子どもの気分を盛り上げるのは，教師しかできません。

❷ 代返を繰り返す

　あいさつや返事は，互いが心地よく生活するためのものです。たとえ大きな声が出るようになっても，あいさつや返事の心地よさを感じさせることができない指導は，本末転倒の指導です。小さな声でしか返事やあいさつができない子には，「先生が代わりにやります」と元気に言って，その子に代わって返事やあいさつをやってしまいます。それを見て，他の子が元気にあいさつをするようになったり，クラスが明るく盛り上がったりします。代返された子の中には，次からしっかりあいさつや返事をする子も出てきます。

教師が盛り上げることで，自然に気持ちよい返事ができるように！

ここに注意！ NGの叱り方

　強制的でしつこい指導にならないように心がけましょう。大きな声での返事を強要すると，萎縮して逆に声が小さくなったり，拗ねる子も出たりして，ますます教室の雰囲気が暗く落ち込んでしまいます。返事のやり直しは，最高でも3回くらいで切り上げるのがコツです。

　あいさつの指導は，教師が子どもよりも先にあいさつするように心がけて，出会ったらあいさつをするものだと，自然に染みこませるように指導して，あいさつを交わす心地よさを感じさせることを第一義にしましょう。あいさつの指導で気分を害したのでは，いつまでたっても，あいさつのよさを感じさせることはできません。

クラス集団がもっと成長する！ その後指導

　たとえ，子どもから進んでのあいさつではなくても，小さな声での返事であっても，大げさに感動してあげましょう。
　「うれしい！　あいさつを返してくれて！」「返事してくれてありがとう」
　そうすることによって，子どもは，あいさつや返事が相手の気分をよくするものだと実感することができます。教師に認められることで，気持ちがよくなります。

Ⅱ章　クラス集団に響く！「叱り方」の技術60　29

1 思わず叱りたくなる！学校生活での困った場面

1 思わず叱りたくなる！
学校生活での困った場面 5 乱暴な言葉が飛び交うクラス

> 日ごろから言葉遣いが乱雑で、「死ね」「うざい」「きもい」など、人を傷つける言葉も日常的に飛び交い、聞いていると心がすさんでくるようで、気分が悪くなります。

こうしよう！

❶ 相応の言葉遣いを厳しく指導

　授業時間や生活指導中など、子どもが学習したり指導を受けたりする時は、丁寧な言葉遣いを心がけさせます。授業中に、タメ口で話したり、聞き手を意識していない話し方で発表したりしたら、厳しく指導します。時・場所・目的に応じて、それにふさわしい言葉遣いをしなくてはならないことを、日ごろから継続して指導することが大切です。教師の言葉に対する意識が、子どもへの指導に表れ、言葉を大切にする雰囲気がつくり上げられていきます。汚い言葉が乱れ飛んでいるクラスとは、教師が言葉を大切にしていないクラスです。

❷ 問いただしてクラスで考える

　「うざい」「きもい」など、簡単なひと言で、気持ちを表現することが、言葉をぞんざいに扱う姿勢を助長します。教室で、このような言葉を耳にしたら、必ずそれを取り上げて指導するようにしましょう。
　「『うざい』って、どういう意味？　分かるように詳しく言ってみて」と、問いただして、全員で考える機会にします。一日に、必ず一度は耳にするはずです。毎日のように子どもたちに考えさせ、指導する機会があるはずです。**教師が乱雑な言葉に敏感になり、的確な表現方法を学ばせる**ことで、乱雑な言葉は影を潜めていくものです。

相手に伝わる言葉を指導することで，乱雑な言葉を駆逐しよう！

ここに注意！ NGの叱り方

　子どもとの関係を築くためには，少々の遊び心は必要です。教師に対して敬語を使うように指導するのは基本ですが，あまりにも四角四面にそれを強要するのは考えものです。授業や指導場面での言葉遣いは，しっかり指導するのが当然です。しかし，休み時間には，少し砕けることも必要です。もちろん，耐え難いほどの乱雑な言葉，度を超した無礼な態度には，厳しく指導しなくてはなりませんが，節度を保った親近感は，大切にしなくてはなりません。

　締めるべきことは厳しく指導し，緩めてよいところはともに楽しむ。公と私との使い分けやけじめを学ばせることも必要です。

クラス集団がもっと成長する！ その後指導

　友達に優しい言葉や，気分がよくなる言葉，美しい言葉が子どもから聞かれたら，すかさず取り上げてほめるようにします。ぞんざいな言葉にも，美しい言葉にも敏感に反応するように心がけましょう。教師が言葉を大切にする姿勢を見せることが，最も効果的な指導法です。乱雑な言葉は厳しく叱り，美しい言葉には全身でほめる。粘り強く継続して指導することでしか，改善策はありません。

1 思わず叱りたくなる！
学校生活での困った場面 6 ケンカがよく起こるクラス

取るに足らない些細なことから，激しい言い争いになったり，手や足が出たりするケンカに発展してしまいます。周りではやし立てる子もいて，収拾がつかなくなることもしばしばで，悩んでしまいます。

こうしよう！

❶ 距離を置き，冷静にさせる

　ケンカの最中の子どもは，感情的になっています。どのような指導をしたとしても，聞き入れることはできない状態です。これ以上，相手を非難したり傷つけたりしないよう，まずは，双方を離して気持ちを落ち着かせることが先決です。特に，暴力に訴えるようなケンカは，他の子にも危害を及ぼす恐れがあるので，無理にでも引き離しましょう。冷静に話をすることができるようになってから，指導します。

❷ ケンカのよさを生かして学ばせる

　子どもにとってケンカは，人間関係を学ぶ上でまたとない機会です。互いの本音をしっかり出し合い，考え方の違いや人間関係の上手な築き方を学ばせるためには，**「限界点」を見極める力を育てること**です。「これ以上やったら，相手は本気で怒る。自分をコントロールできなくなる」という「限界点」を見極める力が育てば，自身の感情のコントロールと，相手の気持ちを理解する力が身につきます。その力を子どもに身につけさせることができなければ，いつまでたっても感情的なケンカが繰り返されることになります。見える形で感情をぶつけ合っていればよいのですが，影で陰険ないじめをするような集団になる恐れもあります。

(セリフ・吹き出し)
- ケンカが起きた時周りの子はどうしてたの？
- 面白がって見てた
- 「もっとやれ」ってさわいでた
- 友達がケンカしてたら，どうするべきか分かるよね？

ケンカはクラス全体の問題ととらえさせることが重要！

ここに注意！ NGの叱り方

　ケンカが起きた時は，周囲の子の指導も意識しておくことを忘れないようにしましょう。

　ケンカをした当事者だけの指導に終わってはいけません。周囲で見ていた子が，どのような姿勢だったのかを問いただすことも必要です。友達のケンカを止めることもせず，無関心を装っていたとか，はやし立てて面白がって見ていたなどという場合は，厳しく指導することが大切です。同じクラスの仲間として，友達のケンカを仲裁し，諌める関係を築かせなくては，互いを高め合うクラスにはなりません。

クラス集団がもっと成長する！ その後指導

　対等だからケンカする。本音を出し合えるからケンカするのです。ケンカの後，互いに陰口を言ったり，いつまでもしつこく相手を非難したりすることのないように指導することが重要です。互いに，自分のどの言動が相手を怒らせたのかを振り返らせ，どうするべきだったのか，今後の行動にどのように生かすのかを考えさせるようにしましょう。「ケンカのよさ」「ケンカから学ぶ」姿勢を学ばせることで，クラスの結束を強くしていくことができます。

1 思わず叱りたくなる！学校生活での困った場面

1 思わず叱りたくなる！学校生活での困った場面 7 教師に反抗的な子がいるクラス

指導を素直に受け入れず，些細なことでも注意するとソッポを向いたり，反抗的な言動で向かって来たりします。中には，追従する子も出てきて，クラス運営に悪影響を及ぼすようになってしまいました。

こうしよう！

❶ 統率権を守る

教師に反抗的な子の指導で，最も気を配らなくてはならないことは，「統率権を教師がしっかり守る」ことに尽きます。子ども同士の結束は強固ですから，反抗的な子が教師よりもリーダーシップをもっていると感じた瞬間，他の子どもたちは，教師の指導を聞き入れなくなってしまいます。反抗的な態度をとられて，指導する気持ちが揺らいでしまうこともありますが，気持ちを奮い立たせて，「ダメなことはダメ」と，指導し続けなければなりません。少しでもその子に譲る姿勢を見せれば，他の子からの信頼は地に落ち，統率権を奪われてしまいます。

❷ 正論をクラスで確認する

反抗的な子の中には，指導を受け入れようとしないばかりか，自分に都合のよい理屈をこねて，さも教師が間違っているかのように言い逃れる子がいます。このような子を相手に，一対一で言い合っても意味がありません。教師の指導が正しいと認めさせ，自分勝手な言い分を防ぐためには，**クラスの子を味方につける**ことです。

「先生の言うことが間違っていると思う人は，手を挙げてみて」というように，クラス全体が正しいことが分かっている現実を，その子に見える形で伝えながら指導しましょう。

冷静さを保ち一貫した指導をすることが，統率権を守ることに！

ここに注意！ NGの叱り方

　子どもに反抗的な態度をとられると，つい感情的になって冷静さを失ってしまいがちになります。しかし，こちらが感情的になるのを，反抗的な子は待っているのです。教師を怒らせて，自分と対等に渡り合っているところを，友達に誇示したいのです。特に男の子の場合，その傾向が強く出ます。
　ですから，反抗的な態度で挑発されても，冷静さを保たなくてはなりません。感情が爆発しそうになったら，「先生は，伝えたよ」と，言って，その場を去ればいいのです。反抗的な子を指導する時は，クラスの他の子に見られていることを忘れてはなりません。

クラス集団がもっと成長する！ その後指導

　実は，反抗的な子は，友達を必要とし，大切にしている子が多いものです。仕方ないこととはいえ，クラスの子を味方につけての指導は，反抗的な子に孤立感を与えてしまいます。そこで，全体の前で指導した後には，必ず個別指導を行うようにします。「叱るのは，あなたのため」「友達も，あなたがよくなることを願っている」と，クラスの一員として心配し，応援していることを根気よく伝えましょう。

Ⅱ章　クラス集団に響く！「叱り方」の技術60　35

1 思わず叱りたくなる！学校生活での困った場面

8 いじめがあるクラス

> 特定の子に対して冷ややかな態度をとって，避けたり無視したりして，嫌な雰囲気が漂い，担任の見ていないところで，暴力をふるったり，持ち物にいたずらをしたりする子もいます。

こうしよう！

❶ 「いじめの芽」に厳しく対応

　友達の間違いを嘲笑する，机を離す，席替えの時嫌な顔をする……。これらは，やった子や周囲の子からすれば些細な行為ですが，やられた子には，かなりの打撃を受ける行為です。このような相手の気持ちを考えない行為には，教師が過敏に反応し対処する必要があります。「いつものこと」「些細なこと」と，見逃していくと，行為がエスカレートして，手の打ちようのないいじめに発展してしまいます。

　日ごろから，友達を避けたりバカにしたりといった言動には，**些細と思えることであっても目を光らせて，厳しく指導**することで，いじめを防ぎ，たたかう姿勢を育てることにつながります。

❷ 楽しく前向きなクラスに

　クラスからいじめの雰囲気をなくすのは，「学校が楽しい」と子どもに感じさせることしかありません。限られた時間ですが，ゲーム集などを参考にしながら，子どもが夢中になる学級イベントに取り組んだり，真剣に取り組む授業を工夫したりしましょう。その中で起きる子ども同士のトラブルを取り上げて指導していくことで，子ども同士が分かり合い，自身の弱点や改善点を受け入れることができます。努めて前向きに明るい学級経営に心がけましょう。

日常の些細な言動から，「いじめの芽」を発見し指導する！

ここに注意！ NGの叱り方

　いじめの情報を耳にした場合，慌てて被害児童や加害児童から直接聞き取りをしたり，指導したりしてはいけません。まずは正確な事実を把握することです。そして，他の教師に相談して，対策を立てるようにしましょう。また，一度いじめが起きてしまうと，「いじめはいけない」と，いくら言葉で訴えても，ほとんど効果はありません。いじめがダメなことは，1年生の子でも分かっています。理屈で分かっていても，やってしまうのがいじめです。加害児童に理想的な説教をした後，被害児童に謝罪させるような形式的な指導では，いじめがなくならないだけでなく，陰でますますエスカレートする恐れもあります。

クラス集団がもっと成長する！ その後指導

　特に，いじめ事象では，子どもたちに指導した後も，中長期にわたって，経過観察と指導に力を注がなくてはなりません。また，保護者への連絡を必ず行わなくてはなりません。特に，被害児童の保護者には，経過報告を怠らずに，不安を抱かせないような配慮が必要です。また，加害児童の保護者にも，事実をしっかり伝え，子どもが抱えている課題と向き合ってもらい，指導に協力してもらうようにすることを忘れてはいけません。

1 思わず叱りたくなる！学校生活での困った場面 9 ウソや言い訳が多いクラス

> 注意すると，ウソをついたり言い訳をしたりして，叱られるのを逃れようとする子がいます。それが，1人や2人ではなく，クラス全体にそういう傾向があって，困ってしまいます。

こうしよう！

❶ 何をさておいても，ウソや言い訳を許さない

　相手は子どもですから，周囲の状況や本人の態度で，ウソをついていることが分かります。「怪しい」と感じたら，注意している事象よりも，ウソや言い訳をしていることへの追及に，指導を切り替えます。言い訳をせずに，正直になることを，教師が求めていること，教師が，何よりもウソや言い訳に厳しく対処する姿勢を，子どもに見せることが必要です。話をしても，ウソを押し通そうとしたり，言い訳をしたりして自分の非を認めようとしない場合は，個別指導に切り替えて，じっくり指導する必要があります。

❷ 正直さをほめて，安心させる

　たとえば，誰が食器の返し忘れをしたのか名乗りでないというような場合があります。「名乗り出れば怒られるから，黙っておこう」ということです。この雰囲気を壊すために，**ほんの些細なことから，「正直さをほめる」**ようにします。落とし物の持ち主が名乗りでたら，「正直でよろしい」とほめ，提出物の出し忘れを報告したら，「正直に言ってくれて助かった」とほめる……。その繰り返しで，子どもたちは，「この先生は，正直に言えば怒らない。反対にほめてくれる」と感じるようになり，安心して正直に報告できるクラスになっていきます。

失敗を正直に認められたら,「叱らずにほめる」ことで,クラスが正直さを大切にする雰囲気になる。

ここに注意！ NGの叱り方

　ウソや言い訳をすることは,人として醜い行いであることは,低学年の子でもよく分かっています。ですから,ウソや言い訳に対して,クラス全員の前で,厳しく指導すると,指導された子は,面子をつぶされ人格を否定された気になってしまいます。

　「正直に言えたら全員の前でほめる」「ウソは個別に厳しく叱る」
が指導の基本です。ウソや言い訳は許さないけれど,子どもを「うそつき」と責めてはいけません。ウソや言い訳を全員の前で厳しく責めると,自分の思いとは反対に,ウソや言い訳が横行するクラスになってしまう危険があります。

クラス集団がもっと成長する！ その後指導

　ウソや言い訳の指導は,叱った後が重要です。ウソや言い訳を認めさせて指導を終えるはずですから,最後に,「正直に言ってくれてうれしい」と,ほめて終わります。そのことで,「正直が大切なのだ」と感じるようになっていきます。個別指導でも全体指導でも,最後は,子どもが正直に自分の非を認めたことをほめて終わるようにしましょう。

1 思わず叱りたくなる！学校生活での困った場面 10

きまりを守らない子が多いクラス

学校やクラスのきまりを，自分勝手な理屈を並べたてて破ってしまう子がいます。その子につられて，他の子も徐々にきまりを守らなくなり，クラスが乱れてしまいました。

こうしよう！

❶ きまりはクラス全員で確認・徹底

　きまりの中には，明確に線を引くのが難しいものが多くあります。教師でさえ，あやふやで判断に困るものもあります。子どもは，その部分を自分の都合がいいように解釈して，様々な方法で自分の理屈を通そうと試してきます。

　子どもに，「これは，やっていいの？」と尋ねられた場合，それを必ずクラス全員で確認するようにしましょう。もし，個別回答すれば，

　「私はダメと言われたのに，Aさんには許可した」

　「前はよいと言われたのに，今回はダメというのは，おかしい」

と，不信感を抱かせます。教師の一貫性のない態度を軽くみて，きまりを守らないクラスになってしまいます。

❷ きまりの意味を考えさせる

　単に，「だめ」「守れ」だけでは，納得もしませんし，守ろうという意識も高まりません。叱る時には，なぜそのきまりがあるのか，その意味を考えさせなくてはなりません。場合によっては，教師にさえ意味が説明できないきまりがあるかもしれません。その場合は，「きまりを守る姿勢を学ぶため」と，きまりを守ること自体が大切な勉強であることを教えなくてはなりません。

全員で確認することで、きまりをクラスに確実に浸透させよう。

ここに注意！ NGの叱り方

　子どもは、どこまで自分の言い分が通るのか、教師を試してきます。
「お守りをランドセルに吊っていい？」
「色ペンを使ってノートをまとめていい？」
　きまりの、あやふやな部分（グレーゾーン）をうまく突いてきます。基本は、「きまりだから、ダメ」と、通さなくてはなりません。同じ許可を下ろすにしても、特別な事情への考慮や、期間限定など、教師が主導権をもった上で、しかも、クラス全員に納得させて許可しなくてはなりません。

クラス集団がもっと成長する！ その後指導

　きまり破りで叱る場合、必ず、改善させなくてはなりません。その場でやり直しや禁止を申し渡す場合もありますが、どんな場合でも、子どもを少し注意深く観察しておかなくてはなりません。そして、少しでも改善が見られたら、すかさずほめるようにします。その場でもほめますが、帰りの会などで、クラスの前で紹介することが大切です。本人の自信にもなり、クラスのきまりを守る意識を高めることにもつながります。

1 思わず叱りたくなる！学校生活での困った場面
11 忘れ物の多いクラス

授業が始まった瞬間に，「教科書忘れました」などと，数人がやってきます。次の授業時間も同じことが繰り返されます。対応にも時間がかかり，授業を進める意欲にも水を差されて，困ってしまいます。

こうしよう！

❶ 報告は授業前に必ず

　授業が始まってから忘れ物の報告に来るというのは，授業の準備を休み時間中にやっていない証拠です。授業準備を業間に行わせ，その時，忘れ物チェックをすれば，一石二鳥です。授業中に次々と「忘れました」と報告に来られるから，ついつい感情的になってしまうのです。冷静にならなければ，的確な指導はできません。感情的な指導が続くと，子どもも嫌になって，報告にすらやってこなくなり，忘れ物をして当たり前という雰囲気になってしまいます。

❷ 解決策を考えさせる

　忘れ物をしたら，自分が困ることになり責任をとるのも自分であることを実感させなくては，いつまで経っても忘れ物は減りません。忘れ物の報告に来た子には，「それで？」とひと言問い返します。子どもは，どうすればよいのか困ってしまいます。子どもに解決策を考えさせるのですが，教師に突き放されたようで，不安になるのです。教師が，「ああしなさい」と，解決策を示してあげたのでは，結局子どもが困ることはありません。忘れ物をしたら，**どう解決するのかを自分で考えて報告するように指導する**ことで，「うかうかしていられない」という気持ちになり，忘れ物が少ないクラスになっていきます。

責任をもって対処させることで,「忘れてはいけない」という気持ちが大きくなる。

ここに注意！　NGの叱り方

もっともよくない叱り方は,
「どうして？　あれだけ注意しなさいと言ったでしょ。あなたって人は」
そんな厳しい言葉で叱責しながらも,
「仕方ないわね。まったく。隣の人に見せてもらいなさい。Aさん,見せてあげてね」
と,結局は教師が解決してしまうやり方です。これでは,忘れたとしても,教師に怒鳴られるのを我慢するくらいで,自分が困ることにはなりません。結局教師が何とかしてくれると,子どもたちは感じることでしょう。

クラス集団がもっと成長する！　その後指導

子どもに解決策を考えさせると,「友達に借りればいい」と,安直に考える子も出てきます。それを防ぐためにも,「人から借りると,壊れたり傷ついたりする恐れもあり,かなりの責任が生じること」を,大げさに伝え,管理責任の重大さを教えておきます。物の貸し借りで起きたトラブル事例などを伝えておくのもよいでしょう。

1 思わず叱りたくなる！
学校生活での困った場面 12 学校の物がよく壊れるクラス

窓ガラスや机，花瓶や鉛筆削り……。教室の物が頻繁に壊れるクラスがあります。いつもざわついていて，子どもの落ち着きがなく，教室を走り回ったり暴れたりしています。

こうしよう！

❶ 「注意1秒ケガ一生」の指導

　物をよく壊すクラスは，深く考えることなく，勝手気ままに行動する子が多い傾向があります。後先を考えずに気分次第で行動するので，たとえば物を壊してしまってから，事の重大さに気づくパターンです。

　物が壊れるだけなら，まだいいのですが，ガラスなどを割って自分がケガしたり，友達にケガをさせたりした場合は大変です。そのような危険が生じることを，**小さな事件が起きた時に，クラス全体で考えさせていく**ことが重要です。

　「不注意で事故を起こすのは一瞬だが，その後の苦労は長く続く」ということを，日頃から指導していきましょう。

❷ 責任のとり方を指導する

　故意に物を壊しても，教師に叱られて終わりと思わせてはいけません。それ相応の責任を教える必要があります。担任が聞き取りをした後には，必ず管理職に，子ども自身で報告させます。自分で報告するのは，かなりの負担になるはずです。あらかじめ，管理職に，故意に物を壊した子は，直接報告に行かせる旨を伝えておき，指導してもらうようにしましょう。このようにして，学校の物を故意に壊すことの重大さを，子どもたちに示すようにしましょう。

徹底して責任をとらせて、事の重大性を認識させることで、クラスの子の意識を高めていく。

ここに注意！ NGの叱り方

　指導の中心は、公共物をぞんざいに扱う子どもの気持ちです。
「どうしてくれるんだ？　大切な物なのに」
などと、気持ちは分かりますが、壊れた物を第一に据えた指導をすることのないように気をつけましょう。また、たまにですが、「『指導不足』と、自分の責任を問われる」などと、自分の立場を気にすることのないようにしましょう。故意に物を壊すクラスは、子どもの気持ちに問題がありますから、指導の中心が子どもだということを、心に留めておきましょう。

クラス集団がもっと成長する！ その後指導

　管理職への報告や後片づけなど、叱った後もやらせるべきことがあります。その場で指導をして終えるのではなく、一瞬の不注意が後々大変な苦労につながることを、身をもって感じさせなくてはなりません。また、このようなことが起きたら、必要に応じて、クラス全体で考えさせる機会をつくり、浅はかな行動には、互いに注意し合うことのできる友達関係づくりに心がけましょう。

2 思わず叱りたくなる！ 授業での困った場面

1 私語が多いクラス

授業と関係のない会話が飛び交っているクラスがあります。授業に集中できていない子が多く，教師の指示が聞けておらず，学力低下も心配になります。

こうしよう！

1 私語が始まった瞬間，授業中止！

　教師が話している時に子どもの話し声が聞こえたら，会話の内容を尋ねて，いくら授業に関係あることでも，人が話している途中に声を出すことはダメだと軽くたしなめ，全員に話を聞く姿勢を周知します。学習作業をしている時は，学習に関する少々の会話は許容する方が，教室の雰囲気はよくなりますが，騒々しくなってきたら，すぐにストップをかけて静かにさせます。授業と無関係な会話は絶対に許してはいけません。すぐに授業を中断して，起立させます。

　そして，授業中の私語は，絶対に許されないことを，クラス全員に徹底させましょう。**私語が始まった瞬間に指導を入れる**のがコツです。

2 子ども同士で，注意し合えるクラスに

　教師が注意しなければ，私語を止めないという状態が続いては，おしゃべりはなくなりません。私語をしている子の周りの子への指導が必要です。「おしゃべりを知っていたか？」「なぜ，注意しないのか？」と，尋ねることで，おしゃべりはクラスのみんなで注意し合ってなくすことが大切であるという意識を浸透させるようにします。教師の目を盗んで行う「手紙回し」も，クラス全員で注意し合える環境づくりによって，防ぐことが可能になります。

> 今，おしゃべりをした人，立ちなさい
>
> どんなことか，前に出て発表してごらん
>
> 私も，気をつけなきゃ
>
> 勝手なおしゃべりをしちゃダメだ…

私語が始まった瞬間に，クラス全員に「私語はダメ」と意識させる指導を行うことが重要。

ここに注意！ NGの叱り方

　子どもの会話の内容を知ろうともせずに，声が聞こえたらとにかく厳しく指導する教師がいます。しかし，授業に関係ある会話なら，少々のことなら許して，会話の内容を聞くくらいの余裕をもちましょう。会話の中に，授業のねらいに迫るものを発見する場合もあります。何よりも，子どもが自分たちで考えて学ぼうとしている証拠です。他の子の学習に支障が出るくらいに会話が盛り上がり始めた時は，軽くたしなめる程度で充分です。絶対に会話を許さないという姿勢では，授業が盛り上がらず，子どもたちの学習意欲にも影響してしまいます。

クラス集団がもっと成長する！ その後指導

　少し厳しく注意を与えた後は，クラスの雰囲気が暗く落ち込みがちになります。それでは意欲的に学習する雰囲気に水を差してしまいますから，早く元の状態に戻す必要があります。指導した後は，何事もなかったかのように教師が明るく元気な声で授業を再開しましょう。クラスのムードメーカーの子に指名して発言を求めたり，ユーモアのあることを言ったりして，明るい雰囲気にすることを心がけましょう。

2 思わず叱りたくなる！授業での困った場面

Ⅱ章　クラス集団に響く！「叱り方」の技術60　47

2 思わず叱りたくなる！授業での困った場面 2 集中力に欠けるクラス

授業中，何となくそわそわしてクラス全体が落ち着きません。授業に集中できていない子が多く目立ち，教師の目を盗んで手遊びや落書きなどをする始末です。

こうしよう！

❶ 参加せざるを得ない指導を

　教師の目を盗んで好き勝手なことができる環境をつくっていることが問題です。つまり，参加しなくても，静かにおとなしくしてさえいれば，叱られることも困ることもない授業に教師がしてしまっているということです。クラス全員が授業に集中するように，考えを書かせたり，突然指名して発表させたり，ぼうっとしている子に声をかけたりと，様々な指導の工夫が必要です。いつ指名されるか分からない，いつノートチェックが入るか分からないとなれば，**子どもは嫌でも授業に参加せざるを得なくなり**，教室が心地よい緊張感に包まれます。

❷ 短時間のユニットを組む

　現在は，世の中全体のテンポが速くなっています。昔のように，1つのことに長時間集中できる子が減っています。子どもの実態に対応して，授業スタイルを変えることも必要です。授業のねらいは1つでも，ねらいに迫るための授業の組み立てを工夫して，変化を加えなくてはなりません。導入の10分間は計算や漢字のゲーム，次の15分間は教師の発問を考える，その次の10分間は意見の交流タイム，最後の10分間は，ドリルで練習……。といった具合に，授業の組み立てを工夫することで，集中力が持続する授業づくりに努めましょう。

> では，ノートに書いてあることを読んでください

> まずい，書いてないやぼーっとしてたよ

参加せざるを得ない状況づくりで，授業に集中させることが大切。

ここに注意！ NGの叱り方

　教師の目を盗んで，こっそり勝手なことをやっている子を，個別に集中して叱ってはいけません。おそらく，その子は運悪く（？）見つかっただけで，他にも授業に集中できていない子はたくさんいたはずです。叱られた子からすれば，「何でオレだけ？」と，反抗したくなります。教室の雰囲気が何となくだらけてきたと感じたら，一斉に教師の方を向かせたり，少し息抜きの時間をつくったりして，思い切って授業を中断してしまいましょう。クラス全体の雰囲気を変えた上で授業を再開した方が，集中して学習することができます。

クラス集団がもっと成長する！ その後指導

　どんなに授業を工夫しても，1時間の授業中に何度も注意したくなる子もいます。このような子は，1日に何度も叱ることになってしまいます。それが続くと，周囲の子から「あの子はダメな子」というレッテルが貼られる危険があります。そうならないように，「隣の子は，できているかお互いに確認してね」と，子ども同士で気をつけ合うような指導法を取り入れ，教師の直接指導を少なくする工夫が必要です。

2 思わず叱りたくなる！授業での困った場面

Ⅱ章　クラス集団に響く！「叱り方」の技術60

2 思わず叱りたくなる！授業での困った場面 ③ 決まった子ばかりが活躍するクラス

> 授業で意見を発表するのは，いつも決まって特定の子だけ……。おだてたり脅したりして，ようやく数人の子が手を挙げるだけで，授業に盛り上がりがありません。

こうしよう！

❶ 強制的に指名して発表に慣れさせる

　学年が上がるにつれて，「間違えていたらどうしよう」「笑われたらどうしよう」という気持ちが大きくなり，意見をもっていても自分からは進んで発表するのに抵抗が出てきます。しかし，自分から手を挙げることができなくても，指名されると，立派に発表することができる子がほとんどです。無理に子どもに挙手を求めるよりも，**教師が指名して，強制的に発表させればよい**のです。子どもたちは，そのうちに発表することに抵抗がなくなっていき，知らず知らずのうちに，進んで発表する子が増えてきます。

❷ 発表しやすい雰囲気をつくる

　決まった子だけが発表する授業は，授業内容を素早く理解できる子だけしか活躍できない授業です。「分かる人？」と指示すると，理解力の長けている子だけしか，手を挙げることができません。考えをノートに書かせたり，隣同士で考えさせたりすることで，多くの子が，安心して意見を発表することができるようになります。時折，「誰も分からないだろうね」「悔しかったら発表してみな」などと，ユーモアを交えながら挑発するのも１つの方法です。また，内容はさておき，発表したことに対して，大いにほめる教師の姿を見せましょう。

> まずい，当たっちゃうよ
>
> 分からない人，挙手！ 挙げてない人は答えられるわね
>
> どうしよう，本当は答えられないよ

「分かる人」という挙手指名の発表を改めて，強制的にでも発表させて，場慣れさせることが大切。

ここに注意！ NGの叱り方

　おだてても励ましても，一向に手を挙げる子が増えないことに腹を立て，感情的に「どうして手を挙げないのか」と憤りを子どもたちにぶつけてはいけません。怒りを露わにしている教師の姿に，「もし，発表して間違えたら，叱られる」と，萎縮して，ますます手を挙げづらくなってしまいます。授業の雰囲気もぶち壊しです。
　「手を挙げないのが普通」と考えて，指名発表に切り替えたり，子どものつぶやきを取り上げて，クラスに広めたりして，子どもが発表しやすい雰囲気づくりに努めましょう。

クラス集団がもっと成長する！ その後指導

　たとえ指名して強制的に発表させたとしても，子どもは発表することができたことにまんざらでもない気持ちです。もっと自信をもたせるために，指名発表にも「立派に自分の考えを言うことができて素晴らしい」と大いにほめてあげましょう。自分から進んで発表することができたら，クラスの子全員で拍手で讃えたり，帰りの会で特別にほめたりして，発表することに対する心地よさや充実感を味わわせましょう。

2 思わず叱りたくなる！
授業での困った場面 ④ 学習意欲が低いクラス

> 夢中になってはりきる気力に欠け，ただおとなしく座っているだけで，時間を過ごし，気だるい雰囲気が漂っています。どの学習に対しても取り組み方に意欲が見られず，困ってしまいます。

こうしよう！

❶ 短時間集中型の学習を続ける

　ただ静かに座っているだけの授業は，見た目は子どもたちが学習しているかのように見えますが，決して夢中になって学習に取り組んでいるわけではありません。夢中になれば，発表する子がどんどん出てきて，意見の交流が始まります。意欲を高めるための方法として，短時間集中して計算や漢字問題に取り組むやり方があります。百マス計算や，パズルや迷路など，ゲームの要素を取り入れた学習など，様々な**短期集中型の授業によって，集中して取り組ませ，達成感や充実感を味わわせる**ことで，学習意欲が向上していきます。

❷ ユーモアのある授業で

　ユーモアの1つもない授業では，意欲的に学習に取り組ませることはできません。「授業名人」と言われる先生方の授業は，ユーモアにあふれています。同じ説明1つにしても，話題が豊富でユーモアにも富んでいて，子どもたちをひきつけます。子どもとのかけ合いを自らも楽しみながら進めています。たとえ，子どもたちから「つまらない～」と批判されても，教師が楽しませようとしてくれること自体，子どもにとっては，注意をひきつけられるものであり，教師を近く感じる瞬間でもあります。

> それでは，この問題に答えてもらいましょう！解答権を得たのは，東京都にお住いの5年1組のみなさん！

アタックチャンス

授業にユーモアを取り入れることで，学習意欲を与えるきっかけづくりができる。

ここに注意！ NGの叱り方

　子どもがおとなしく座って授業に臨んでいるからと，それで満足しないことです。それは，学習意欲が低い状態です。もっと，教材の工夫や授業の組み立て，そして教師の語り口の上達が望まれます。

　反対に，あまりにも盛り上がらないからと，厳しく叱るような指導もやめましょう。ますます教室の雰囲気が沈んでしまい，子どもたちも，学習に取り組む意欲を失ってしまいます。

　子どもの学習意欲が低いことは，教師の授業が下手である証拠と考え，教材研究や授業技術の向上に努めなくてはなりません。

クラス集団がもっと成長する！ その後指導

　教室が盛り上がってくると，勘違いしてふざけたことを言うお調子者が出てきます。時には，授業と全く関係ないことや，友達をからかうようなことを言い始めることがあります。特に，授業を脱線するほどの悪ふざけにならないよう，子どもの様子を観察しながら授業を進めましょう。プリント学習などで集中する達成感を味わわせた後は，意見交流で雰囲気を盛り上げる必要がある場合もあります。

2 思わず叱りたくなる！授業での困った場面

Ⅱ章　クラス集団に響く！「叱り方」の技術60　53

2 思わず叱りたくなる！

授業での困った場面 5 立ち歩く子がいるクラス

落ち着きがなく，周囲の状況に関係なく，自分の思うように行動する子がいます。授業中も勝手に立ち歩くことが多いので，他の子も集中力を削がれてしまい，授業が引き締まりません。

こうしよう！

❶ 「授業に集中する」雰囲気を守る

　頻繁に立ち歩く子を，その都度叱れば叱るほど，状況が悪くなる場合が多々あります。何よりも，あまり躍起になって叱ると，他の子の学習がなおざりになってしまい，授業の雰囲気も壊れてしまいます。他の子にも影響して，悪ふざけして立ち歩いたりおしゃべりしたりする子が増えてしまいます。立ち歩き始めたら，「始まったな」程度に考えて，「教室を一周したら席に着きなさいよ」などと，サラリと指導して，授業に集中します。**「立ち歩いても相手にされない。しっかり授業に集中すべき」という暗黙のルールを示す指導を継続**しましょう。

❷ 学校体制で支援する

　授業の工夫や指導の工夫をしても尚，立ち歩きがあまりにもひどい場合，担任1人では事態は収まらないと考えざるを得ません。そのまま放置しておくと，クラス自体が崩れてしまいかねません。迷わず，学年主任や管理職に相談しましょう。その子への個別支援体制を検討して対応することが，クラス全体を落ち着かせ，授業に集中できる空気を取り戻すことにつながります。自分1人で抱え込んだり，事実を隠したりすれば，最悪の場合，クラスが騒乱状態になり，手がつけられなくなる危険があります。

> Aくん，10秒たったら，席にもどってね

> みんな，黒板を見なさい

クラスの雰囲気が崩れないことに，意識を集中させよう。

ここに注意！ NGの叱り方

　頻繁に立ち歩く子に対して，逐一個別指導をしてしまうと，その子の指導にばかり意識が集中して，他の子が放ったらかしになってしまいます。何のために席に座っているのか分かりません。退屈になったり，不満に思ったりして，「やってられない」とばかりに，おしゃべりや遊びが始まってしまいます。確かに，立ち歩く子は気になりますが，担任が最も注意をはらうべきは，クラス全体の授業規律をいかに崩さないかということです。立ち歩きが始まっても，気にせずに授業に集中できるくらいのクラスをめざしましょう。

クラス集団がもっと成長する！ その後指導

　あまりにも立ち歩きがひどい場合は，授業後に本人への個別指導を行います。厳しく叱るのではなく，その子としっかり話をして，信頼関係を築くことを目的とします。信頼関係が築かれれば，ほとんどの場合，立ち歩きはなくなっていきます。それでも，事態が収まらないようなら，保護者と相談したり，学校全体で特別な支援を検討したりする必要があります。

2 思わず叱りたくなる！授業での困った場面

Ⅱ章　クラス集団に響く！「叱り方」の技術60　55

2 思わず叱りたくなる！授業での困った場面 6 間違いが言えないクラス

> 友達が間違えたり，突拍子もない意見を言ったりすると，あきれたり嘲笑する子がたくさんいます。みんな，友達にバカにされるのを恐れて，萎縮して授業を受けています。

こうしよう！

❶ 間違いに対する嘲笑を許さない

　間違いや的外れな意見を温かく受け入れられるクラスにしなくては，授業を楽しむクラスにはなりません。ですから，間違いや的外れな意見に対して，少しでもバカにした言葉や笑い，そして態度をした子がいたら，絶対にそのまま放っておいてはいけません。
「君は，何でも知っているのだね。間違えることはないのだね」
と，穏やかな口調で叱るだけで十分厳しい指導になっています。周りでやりとりを見ていた他の子にも，間違いをバカにすることは許されないことなのだと，指導することにもなります。

❷ 間違うことは大切だと範を示す

　子どもが間違いを恐れたりバカにしたりするのは，「間違えることはダメなこと」と，思い込んでいるからです。人は誰でも間違えるし，間違えるから成長することを教えてあげなくてはなりません。その範を示すのが教師です。**子どもの前で辞書を引いて調べたり，知らない・分からない姿を見せたりできているでしょうか**。「先生でも間違えるし知らないことがある」と，分かれば，子どもの気持ちは随分楽になります。互いに，間違いや失敗を受け入れ，認め合い，教え合う，前向きで温かいクラスになっていきます。

間違いや失敗をバカにする言動には，細心の注意を払い，些細なことでも必ず指導！

ここに注意！ NGの叱り方

　人をバカにすることは人間として卑劣な行為であることを，子どもたちは頭では理解しています。ですから，同じ叱るのでも，穏やかで冷静な口調でも，十分過ぎるほど十分子どもにはこたえます。大きな声であからさまに厳しく叱っては，見ていた周りの子に対して，
「この子は，人間として最低な子だ」
と，言っているようなものです。これでは，「失敗した子を，みんなの前でおとしめる」という点で，失敗した子をバカにするのと同じことになってしまいます。この場合の叱り方は，「穏やかに厳しく」です。

クラス集団がもっと成長する！ その後指導

　友達の間違いや失敗をバカにしたり嘲笑したりした子を叱る姿を見せることで，クラスの子全員に対する指導をしていることになります。しかしこの場合，その後必ずクラス全体へも指導をしましょう。間違いや失敗をバカにするクラスで安心して生活することはできないことや，最悪の場合，いじめになる恐れがあることなど，その都度しっかり言い聞かせ，間違いや失敗を認める雰囲気をつくり上げましょう。

2 思わず叱りたくなる！授業での困った場面 7 理解度の差が大きいクラス

同じ問題を出しても，1分とかからないうちに終わってしまう子がいる一方で，何分経っても終わらない子がいます。早く終わった子が手持ちぶさたで，そのうちおしゃべりが始まってしまいます。

こうしよう！

❶ 課題の出し方を工夫する

　全員に同じ時間で同じ分量の課題を与えることに無理があります。「5分間で，やれるところまでやる」「1問だけ全員，同じ時間でやる」など，早い子も遅い子も，その子に応じてしっかり取り組むことができる方法で授業を進めなくてはなりません。採点も，
　「自分がやった問題数のうち，全問正解したら100点だよ」
と，「分量ではなく，正答率」で評価すれば，どの子も丁寧に取り組むようになり，時間差もなくなっていきます。個人差があるのが当然と心得ておけば，相応の方法を考えざるを得なくなります。

❷ 個別指導は最低限に

　そもそも，**一斉指導で子どもが理解できる授業に努めることが本分**です。一斉指導後の練習問題で，理解や習得ができているか否かをチェックします。この時，間違っている子に説明してしまうのではなく，「ここが違ってる」とだけ指摘して，子ども自身が誤りを発見し訂正する力をつけさせるようにします。それでも理解できていない子が1人でもいれば，今は理解していても時間が経てば忘れる子もいると考えて，もう一度簡単に一斉指導を行います。理解できていなかった子には，休み時間に個別で，確認作業や練習を5分間程度で行います。

> おっ！5問中5問正解！
>
> 100点だね！
>
> 残念，10問中2問間違い
>
> しまった，あわてちゃった

理解度や作業力に差があるのは当然。個人差で生じる時間差をどう活用するかが肝になる！

ここに注意！ NGの叱り方

　理解できていない子や，間違えた子に対して，授業中，時間をかけて個別指導するのは避けましょう。他の子を放置しておくことになり，指導されている子への偏見を生じさせる場合もあります。休み時間や放課後，頻繁に居残りで学習させるのも，よい方法とは言えません。教師が，「分かる・できる」授業をめざして努力し，授業中に理解させることをめざさなくてはなりません。最初から個別指導ありきの授業にならないように心がけましょう。

クラス集団がもっと成長する！　その後指導

　様々な工夫をしてもなお，早く終わってしまって，時間をもて余してしまう子が，必ずいます。この空白の時間をどう使うのかが大切です。読書やプリントをさせて待たせる方法が一般的ですが，「静かにして待つ」力をつけることも必要です。最近の子は，静かに待つ力が極端に弱いと感じます。待つことはとても大切な力ですから，空白時間は，貴重な学習の機会になります。

2　思わず叱りたくなる！授業での困った場面

II章　クラス集団に響く！「叱り方」の技術60

2 思わず叱りたくなる！授業での困った場面 8 姿勢が悪いクラス

> 机にひじをついて教師の話を聞いていたり，足を投げ出してイスからずり落ちんばかりの座り方をしていたり，覆い被さるようにしてノートを書いたりと，姿勢が乱れている子がたくさんいます。

こうしよう！

❶ 姿勢で心構えを教える

　姿勢は，人の心構えを表します。たとえば，気をつけの姿勢で，悪い言葉遣いやふざけた態度を表すことはできません。反対に，ダラリとした姿勢で，敬語を使ったり集中したりすることは不可能です。

　授業には集中力や忍耐力が必要です。腰を立てて背筋を伸ばすことで，集中力が生まれ，勉強しようという心構えがつくられます。**話を聞く時の姿勢や本を読む時の姿勢，文字を書く姿勢などをチェックして，適宜指導すること**が大切です。特に最近の子は，正しい姿勢を教わっていないので，学校で継続して教える必要があります。

❷ よい姿勢でクラスが変わる

　姿勢よく座ったり立ったりしている集団の中にいると，気持ちが引き締まって，授業に意欲がわいてきます。姿勢のよいクラスを見る人からの評価もよく，それが子どもたちにとって自信につながります。最初のうちは，45分間ずっとよい姿勢を保つことは不可能ですから，節目節目で，姿勢の乱れを矯正するように指導しましょう。時折チェックすることで，姿勢に対して意識をもたせることが大切です。わずかな時間であっても，毎時間継続して指導することで，子どもたちの姿勢が見違えるほどよくなり，クラスが落ち着いてきます。

毎時間，繰り返しチェックすることで，子どもに正しい姿勢に対する意識をもたせることが必要。

ここに注意！ NGの叱り方

　指導を始めたての時は，教師も子どもも，はりきって姿勢よくしようとがんばります。正しい姿勢を保つのは，慣れるまでは，かなり辛いので，すぐに姿勢が崩れる子が続出します。教師は，力を入れて指導を続けますが，一朝一夕に身につくものではありません。3日もすれば，教師もあきらめてしまいます。それでは，子どもの姿勢を指導したとは言えません。姿勢の指導は，子どもではなく，教師の我慢強さが必要なのです。身につかないからと，指導をあきらめることは，子どもの成長を期待しないことであり，それは教師ではありません。

クラス集団がもっと成長する！ その後指導

　イスに深く腰掛けて，できる限り背もたれにもたれかからないで座る。話を聞く時は，手を膝に乗せる。起立は音を立てないで行う……など，基本的な姿勢を子どもに教える必要があります。今の時代は，6年生でも，教室に「正しい姿勢」の図を掲示しておく必要があります。正しい姿勢を体得させるためには，崩れたら指導して立て直す，また崩れたら直すの繰り返ししかありません。

2 思わず叱りたくなる！授業での困った場面 ９

授業をかき回す子のいるクラス

> 担任の言葉尻を取り上げて，授業とは関係のないことを言ったり，わざと突拍子もないことを言ったりして，注目をあびようとして，授業をかき回す子がいて困ります。

こうしよう！

❶ 初期のうちに釘を刺す

　授業をかき回されるのは，教師が子どもを扱いきれていないのが原因です。このような子がいるから，クラスの雰囲気が明るくなり，授業も盛り上がるのです。最初のうちは，授業を盛り上げてくれるので，少々のことは許してしまいがちです。それで，徐々に大胆になり，ついには我が物顔で授業をかき回すようになってしまうのです。指導は初期が大切です。何度もふざけた態度をとったら，「いい加減にしなさい」と一喝です。他の子にも「楽しいことと，ふざけることは違う」と，注意を与えて，**悪ノリに荷担することに釘を刺しておきます**。

❷ 軽く流して取り上げない

　わざと，悪ふざけや突拍子もない発言が続くのは，そうすることで，注目をあびると学習しているからです。クラス全体にも問題があって，授業をかき回すことを認める集団になっています。そうしないためには，わざとかき回す言動が始まっても，至って冷静に，「迷惑にならないようにしてね」などと，軽く流して，まともに相手にしないことです。その姿勢で，周囲の子どもたちも，平静に授業を続けることができます。本人にとっては，教師の対応に拍子抜けして，「やっても意味がない」と，思うようになっていきます。

セリフ（イラスト内）：
- 公民館の館長さんが…
- カンチョウだって！カンチョウ
- それは関係ない話だから静かにね
- みんな，教科書読んでみよう
- もっと何か反応してくれないの？

子どもと同じレベルにならない。軽く受け流して無視しておけば，かき回す言動は無くなっていく。

ここに注意！ NGの叱り方

　まともに相手になってはいけません。授業をかき回されて，感情的になる気持ちは分かります。しかし，正面からぶつかると，子どもにとってはしめたものです。教師が自分の言動に反応し，しかも感情的になっているのです。周りの子も，教師が劣勢に立たされているように感じます。特に授業は，教師が制御できていなければ，授業が乱れるだけにとどまらずクラス自体が荒れてしまいます。リーダーとして，余裕をもって対応するように心がけましょう。

クラス集団がもっと成長する！ その後指導

　このような子は，クラスのムードメーカーになる素質があります。上手にもっていけば，教師の心強い味方になる可能性があります。授業では軽く受け流したり一喝して終わりですが，休み時間での関わりを増やしましょう。休み時間は楽しく関わるけれど，授業中の悪ふざけは全く関わらない……。メリハリのある関わり方によって，「悪ふざけをしても，先生は，取り合ってくれない」と，子どもが感じることができるように導いていきましょう。

2 思わず叱りたくなる！授業での困った場面 10 やる気が感じられないクラス

> それなりの態度で学習しているのですが，全体的に何となく覇気が感じられず，楽しんで学習しているようには思えません。ユーモアもあまり通用せず，盛り上がりません。

こうしよう！

❶ クラスの子どもに対応する

　当然のことですが，クラスは，メンバーによって特色が異なってきます。気持ちを表に出して，些細なことにも派手に反応が返ってくるクラスもあれば，見た目は盛り上がっていなくても，多くの子が楽しく参加している場合もあります。それは教師も同じです。
　「盛り上がらない。気持ちを出してほしい」
と，感情を出さないことを不満に思う前に，クラスの特色を確かめながら，指導方法を変えていかなくてはなりません。**子どもを変えるためには，教師がクラスに応じて，自身を変えていくこと**が必要です。

❷ 自分の世界に子どもを引き込む

　休み明けや，行事の次の日などは，クラスがどんよりとした空気に包まれています。いくら「元気出していこう」と言っても，ほとんど効果がありません。このような時は，子どもの反応を気にせず，努めて明るく元気に授業を進めるようにします。子どものやる気のない顔や，情けない反応を気にしていては，こちらの気分まで落ち込んでしまいます。子どもが盛り上がらない時こそ，教師1人だけでも盛り上がって授業しましょう。そのうち，徐々にですが，子どもの気分も立ち直ってくるはずです。

教師が，やる気と元気を子どもたちに与えることが大切。子どもの無気力に感情的になってはいけない。

ここに注意！ NGの叱り方

　子どもたちの気持ちを高揚させるために，明るく元気に話しかけたり，教材や教具を工夫したりしても，やる気を見せない場合があります。この時，子どもの無反応に腹を立ててはいけません。それは，「私は，こんなにがんばっているのに」と，感情を爆発させることです。

　クラスにやる気を起こすためには，やる気のシャワーを教師が浴びせればよいのです。子どもの反応を気にしないで，やる気と元気を心がけて，授業を進めるようにしましょう。

クラス集団がもっと成長する！ その後指導

　子どものやる気を起こさせるために，子どもの反応には無関心を装って自分のペースで授業を進めたとしても，子どもたちが学習を理解しているか，指示した学習作業をしているかなどは，しっかり観察して細やかに指導しなくてはなりません。指示には必ず従わせる，学習規律は守らせることに注意を払いましょう。また，少しでも教師のユーモアに反応したり，やる気が見られたりした子には，感謝の気持ちを伝えることで，クラスの雰囲気をよくしていきましょう。

2 思わず叱りたくなる！授業での困った場面 11 やることが雑で丁寧さに欠けるクラス

何をするにも丁寧さに欠け，ノートやテストに書かれた文字も雑。着替えた後の衣類も乱雑に置かれ，ノートやプリント類の提出も上下不揃いでバラバラという状態です。

こうしよう！

❶ 雑な文字には厳しく指導

　課題をこなせばそれでよい，正解しさえすればよい，とにかくやってしまえばそれでよいと思っている子は，案外多いものです。しかし，丁寧にやることができなければ，学力は伸びません。自分の書いた文字が読めずに計算を間違えたり，やり方が雑になってわけが分からなくなったりして，結局学力が落ちてしまいます。そのことを，子どもにも逐一説明して，雑な文字で書いている子には，必ず書き直しを命じましょう。パッと見て雑だと感じたら，マルをつけることはもちろん，**検討にも値しないと，突き返すくらい厳しく対処**します。

❷ できるまで，やり直しをさせる

　ノートやテストの文字を丁寧に書き直すことはもちろんのこと，提出の仕方や，衣服のたたみ方，靴の揃え方まで，あらゆる機会を利用して，丁寧にできるまでやり直しをさせます。最初のうちは，教師に指摘されなければ，適当にやってしまう子どもたちも，指導を繰り返すことによって，自然に丁寧にやるようになっていきます。早くやることができても，雑にやっていれば，結局手間と時間がかかってしまうと覚えさせるようにしましょう。物事を丁寧にやることで，クラスが落ち着き，学習に向かう姿勢にも緊張感が生まれます。

> 読めません

> やっぱり丁寧に書かないと見てもらえないんだ。次はきちんと書こう

厳しい言葉は不要。丁寧にできるまで，必ずやり直しをさせる厳しい姿勢で臨む。

ここに注意！ NGの叱り方

　言葉で，「ちゃんと丁寧にやりなさい」と，いくら厳しく指導しても，「いちいち細かいことに目くじらを立てる，うるさい先生だ」と，反発されてしまうだけです。何も言わずに，ノートを返す，「やり直し」とひと言だけで指導する。この程度の指導で十分です。大切なことは，子どもが丁寧にできるまで，絶対に譲らない姿勢を見せることです。丁寧さの基準を，自分でしっかりもっておいて，気分や子どもによって，やり直しをさせたりさせなかったりということのないよう，日頃から意識して指導することが大切です。

クラス集団がもっと成長する！ その後指導

　やらせっぱなしにすることのないように気をつけましょう。せっかく丁寧にやり直しても，「それで当たり前」という態度でいれば，子どもは，やりがいと達成感を味わうことができません。
　丁寧にやり直してきた子には，必ずそのことを認めてあげることを忘れないようにします。「ちゃんと丁寧にやれば，認めてもらえる」と分かれば，子どもは，気をつけて丁寧にやるようになっていきます。

2 思わず叱りたくなる！授業での困った場面

2 思わず叱りたくなる！授業での困った場面 12 手悪さをして遊ぶ子が多いクラス

気がつくと，消しゴムのかすでねりけしづくりをしていたり，ノートに落書きをしていたりする子がいます。教師の目を盗んで，読書する子もいたりして，困ってしまいます。

こうしよう！

❶ 参加せざるを得なくする

わずかな隙を見つけて，授業から遠ざかろうとする子を見逃しては，教師を軽く見る子が増えて，最終的には，授業に参加しない行動を堂々と行うクラスになってしまいます。筆記用具を遊び道具にして**遊んでいる子がいたら，即座に指名**して，「先生が，何を言っていたか説明してごらん」と聞くようにします。当然答えられませんから，「なぜ答えられない？」と問い正して，本人の口から，自分の非を認める言葉を言わせます。この状況を見ていた他の子は，ちゃんとやらないと大変なことになると感じ，授業に参加しようと心がけるようになります。

❷ 互いに注意し合う環境づくりをする

友達のことに無関心ではなく，みんなで高め合う意識をつけさせなくては，よいクラスにはなりません。手遊びをしていた子を指導した後で，クラス全体に，注意し合うことが大切であり，それが本当の友達だという指導が大切です。注意した子がいたら，みんなの前で大いにほめるようにしますが，この時，注意された子との関係が悪くならないように，「いい友達がいてよかったね。感謝だね」と，注意された子を責めるのではなく，注意してくれた子に感謝できるようなフォローをすることが必要です。

互いに注意し合うことのできる環境づくりで，授業に集中できるクラスにしよう。

ここに注意！ NGの叱り方

　子どもにとって，授業はあまり楽しいものではありません。時には，さぼって遊びたくなるものです。ですから，教師の目を盗んで遊ぶことに対して，それほど厳しい言葉で叱る必要はありません。「気持ちは分かるが，困るのはあなただよ」と諭すことができれば，優しい言葉でも十分な叱りになっています。あからさまに厳しい言葉で，「だから勉強が分からなくなるのだ」といった指導は，子どもの自信を砕くだけで，授業に参加する意味を理解させることはできません。感情的になるのだけは避けるように心がけましょう。

クラス集団がもっと成長する！ その後指導

　指導したら，後を引かずに，何もなかったかのように授業を進めるようにします。叱ったことで，クラス全体に，授業に集中しなくてはならないという空気が漂っています。それを感じたら，すかさず，
　「やる気になれば，君たちはすごい集中力だよ」
などと，クラス全体をほめるようにします。子どもたちは自信をもって気持ちよく授業に参加しようと感じるようになります。

Ⅱ章　クラス集団に響く！「叱り方」の技術60

3 思わず叱りたくなる！学級活動での困った場面

1 何となく重苦しい雰囲気のクラス

クラスで一緒にいても，互いに遠慮したり，仲よしグループに分かれたり，輪の中に入りづらい子がいたりして，何となく重苦しい雰囲気があり，いたたまれなくなることがあります。

こうしよう！

❶ 気持ちの切り替えと演技で明るく盛り上げる

クラスの雰囲気は，担任がつくり上げるものです。担任が前向きで明るくしていれば，クラスも自然にそうなっていきます。楽しく明るい雰囲気づくりを求めるなら，率先して，明るく元気に子どもに話しかけることで，子どもの気持ちを盛り上げることが必要です。

叱らなければならないところは，バシッと叱り，すぐに元に戻って，子どもに明るく話しかけたり授業を進めたりと，気持ちの切り替えをうまくやる訓練が必要です。教師自身の気分がのらない時でも，無理をしてでも笑顔で教室に入るように心がけましょう。明るく元気な素振りをしていれば，そのうち気分が明るく変わっていくものです。

❷ 気持ちを共有させて安心させる

クラスの雰囲気が悪い時は，ほとんどの子どもたちが，落ち込んでいたりやる気を失っていたりしています。しかし，子どもは，暗い気持ちでいるのは自分だけなのではないかと不安に思っています。

「今，落ち込んでいたり暗くなったりしている子はいる？」
と，聞いてやると，多くの子が手を挙げます。それを見て，今は，クラスのみんながつらい時なのだと気づきます。**その気持ちの共有が，子どもに安心感を与え，教室の雰囲気を和らげます。**

子どもの様子を見て，教師が率先して明るく元気に行動する。思い切って身体を動かすなどの工夫も必要。

ここに注意！　NGの叱り方

　落ち込んだ暗い雰囲気に耐えられなくなって，子どもに思わず
「もっと，元気を出せ」
などと，きつく叱れば，子どもたちの気分がさらに落ち込んでしまいます。それは，元気を出させようとしているのではなく，元気のない子どもたちを見て自分も滅入ってしまい，その憤りを子どもたちにぶつけているだけにすぎません。そもそも，考えてみれば，叱られて笑顔で明るくなれるわけがありません。クラスの雰囲気が悪い時こそ，担任が光を当ててやらなくてはなりません。

クラス集団がもっと成長する！　その後指導

　クラスが暗く落ち込んでいる時は，言葉で気持ちを盛り上げさせるよりも，思い切って外に出て身体を動かしたり，簡単な教室でできるゲームをしたりして，気分を切り替えさせる方が効果的です。身体を動かして楽しませることで，子どもは簡単に気分を切り替えることができます。教室に帰ってきたら，その雰囲気を壊さないように，元気ではつらつとした姿勢で学習活動を再開しましょう。

3 思わず叱りたくなる！学級活動での困った場面 2 当番活動がうまく機能していないクラス

> 当番を決めてはいるのですが，まともに活動しているのは，掃除と給食の時だけ。何をやってよいのかさえよく分かっていなくて，当番によって仕事量にかたよりが出て困ってしまいます。

こうしよう！

❶ 当番活動を細分化する

1日の学校生活の流れをできるだけ詳細にイメージしながら，どのような当番が必要なのかを考えていくことから，当番活動がスタートします。朝，教室に入ったら窓を開ける，電気をつける，宿題を出す，朝の会を始める……。すると，どのような当番が必要になるのか分かってきます。当番活動によって，自分の役割への責任感を学ばせながら，クラスへの所属感を高めさせることができます。そこで，**当番をできる限り細分化して，1人の子に一役を基本に**決めていきます。当番活動をやり忘れたら，クラスが困ることになるので，どの子も自分の当番をしっかりやろうと意識するようになります。

❷ 特定の子に負担をかけない仕組みづくりを

よく問題になるのが，いつも他の子に責任を押しつけて，当番の仕事をさぼる子です。複数人で仕事をすると，こういうことが必ず起きると考えて，曜日や時間帯などで役割を割り振るなどして，一人ひとりの責任が明確になるようなシステムを提案する必要があります。個々の子が，しっかり責任を果たせるようになったら，故意に分担責任をあやふやにして，互いに助け合う関係づくりを進めることも，高学年では必要になります。

役割を細分化して，責任を明確に！　当番忘れは，子どもたちに気づかせる指導を！

ここに注意！　NGの叱り方

　複数人のグループで，1つの当番を割り振るやり方が一般的です。この方法では，責任の所在があやふやになり，結局，真面目な子や気前のいい子だけが当番の仕事をやっていて，当番の仕事をせずに遊ぶ子が出ることになります。しばらくすると，当番をさぼる子が友達から非難されたり，立場の弱い子が当番を押しつけられたりする事態におちいる危険が出てきます。子どもに任せきりにするのではなく，日頃からしっかり目を光らせ，不公平感が出ないように指導しなくてはなりません。

クラス集団がもっと成長する！　その後指導

　子どもが当番の仕事を忘れていても，そのまま放っておきます。必ずクラスにとって困ることが起こってくるので，そこで子どもは，深く反省します。たとえば，黒板を消すのを忘れていたら，教師が消さないで，そのまま板書を始めるという具合です。不思議なもので，教師が注意しないでいると，友達同士で注意し合うようになり，子どもたちが協力できる関係に育っていきます。

Ⅱ章　クラス集団に響く！「叱り方」の技術60

3 思わず叱りたくなる！
学級活動での困った場面 3
係活動が休止状態になっているクラス

新聞係やお楽しみ係など，子どもがやる気になって活動できそうな係が決められています。ところが，1か月もすると，どの係も休止状態になり，有名無実の状態になってしまいました。

こうしよう！

❶ 「枠」を設けず，やりたい係をやる

　係活動は，子どもがやりたいことをやらせることを基本としましょう。教師が，係の種類や人数の枠を設けることを止めてしまいます。場合によっては，新聞係が1名ということもあり得ます。ただし，活動内容が，教育的に考えて不適切と判断したら，ストップをかけなくてはなりません。また，あまりにも大所帯になると活動しづらいので，同じような活動内容であれば，名前を変えて分裂させるようにします。そして，係を考える時に，子どもたちに**「友達で選ぶのではなく，活動内容で選ぶ」**ことを，しっかり指導しておくことも大切です。

❷ 各係でイベントを考えさせる

　係活動を停滞させないために，各係で，イベント企画を考えさせます。たとえば「遊び係は，9月に○○遊び大会を行う」「新聞係は，10月に運動会の感想アンケート特集をする」といった具合です。各係が，学期間に一度だけでも，少し大きめのイベントを企画・運営することで，係活動が活性化します。イベントの開催を目標にして，係の子どもたちが，自主的に動き始めます。学級会などで，イベントに向けての話し合いを議題にすることで，担当の係以外の子も準備段階から参加することが可能になり，係活動全体が活性化します。

イベントを企画させることで，子どもが自主的に動くようになり，係活動が活性化する！

ここに注意！ NGの叱り方

係活動は，子どもの自主性に任せるのが大切だからと，何の指導もしないで放置しておいたり，反対にほとんど活動しないのを責めたりしてはいけません。子どもが「活動したい」と思えるように導くためには，教師からの提案が重要です。係は決めても，具体的に何をやればよいのか，子どもたちには経験がありません。そこで教師から，「ミニ運動会をやってみないか？」「宝探し大会はどうだい？」などと，子どもがやる気になりそうなイベントを提案します。子どもが動き始めたら，必要な物や事柄などが考えられているかどうか，確認しながら子どもを見守るようにしましょう。

クラス集団がもっと成長する！ その後指導

イベントを終えた後に，活動が休止状態になってしまった係には，係の解散を提案してみます。これ以上発展が望めないのであれば，参加者として他の係の活動に協力することもできます。新しい係をつくることも可能ですが，メンバーにこだわらないように指導したり，場合によっては相談に乗ったりする必要があります。

3 思わず叱りたくなる！学級活動での困った場面 4 掃除をさぼる子がたくさんいるクラス

> 担任の目を盗んで，掃除をさぼる子がたくさんいます。あからさまに目立つような遊びをしなくても，掃除をするフリをして，時間をつぶしていて，締まりがありません。

こうしよう！

1 「素早く・黙って」を徹底させる

　素早い動きで，無駄話をしないで掃除するように徹底指導します。だらだらした動きや無駄話を防ぐために，短時間掃除に取り組ませます。掃除時間が20分間あるとすれば，半分の10分間で掃除を終わらせるように挑発します。残った時間は，教室に座って休憩です。短時間掃除で，子どもの動きが変わります。全力で掃除する充実感を味わいます。第二段階は，「丁寧さの指導」です。「素早く・黙って・丁寧に」の３つができるようになれば，たとえ，掃除時間に教室で休んでいても，誰からの批判も受けることはありません。**だらだらと時間をつぶさせて，形だけやらせるような掃除指導からは決別し**ましょう。

2 やりたくなければ，やらせない

　全力で掃除することの充実感を経験しても，時間が経つとさぼる子は必ず出てきます。このような時には「突き放す指導」が最も効果的です。おしゃべりしたり，だらだらとした動きをしていたら，
　「嫌なら，やらなくてよい。無理してやる必要はない」
と，掃除を止めて，遊ぶように穏やかな口調で命じます。子どもが，「やらせてほしい」と懇願してきたら，笑顔で，「期待してますよ」と，肩をたたいてその場を去ります。

掃除は、全力で取り組ませるために、厳しく指導する！

ここに注意！ NGの叱り方

　なぜ、掃除をしなくてはならないのか。掃除をする意味は何なのか。低学年の子にも分かるように伝えておく必要があります。
　「……だから、一生懸命掃除をすることは、大切なんだよ」
と教師が明確に言えないのに、子どもの指導はできません。掃除に限ったことではありませんが、叱る理由をしっかり分かっておかないと、
　「先生の言うことが聞けないの？」
と、専制君主のように、自分の意に沿わないから叱る、気分次第で叱ることになってしまいます。

クラス集団がもっと成長する！　その後指導

　掃除は、子どもにとって、最も嫌な学習活動の１つです。さぼりたくなって当然です。しかし、だからこそ全力で取り組ませる価値があります。自分の怠け心とたたかい、打ち克つことの充実感を味わわせることのできる活動です。掃除に全力で取り組むことには、相当の価値があることを、子どもたちには機会あるごとに伝えるようにして、毎日、全力で取り組めたことをほめることを続けましょう。

3 思わず叱りたくなる！学級活動での困った場面 5

友達を気にして好きなことができないクラス

誰かと一緒にいなくては不安。みんなと同じことをやらなくてはならない。友達の目や周囲の雰囲気ばかり気にして，子どもにとって，クラスが安心していられる場所なのか，心配になることがあります。

こうしよう！

❶ 「よい目」で友達を見る訓練を

　最近の子は，「自分が人からどう見られているのだろう」と，過剰なほど気にする傾向があります。友達の些細な言動を気にして，「私の悪口を言ってるんじゃないか」と，勝手に疑心暗鬼に陥ることも少なくありません。それが元になって仲違いをしたり，最悪の場合，いじめが起きたりすることもあります。しかし，どの子も楽しく学校生活を送りたい，友達と仲よくしたいと願っています。その気持ちを，全員で確認することが大切です。そして，「よい方向に考える」「疑問を感じたら，堂々と質問する」ことを習慣づける指導を継続して行います。

❷ 好きなことができることを認める

　休み時間の過ごし方は，各自自由です。外で友達と遊ぶ子もいれば，教室で読書する子もいます。**友達と一緒にいることが大切なのではなく，自分の好きなことができるかが大切**です。特に，１人で読書などしている子には声をかけて，「自分の好きで１人でいるのか」確かめ，自分で好きなことをできる強さを認めましょう。そして，帰りの会などで紹介しながら，クラスの子に，「自分の好きに過ごすことの大切さ」「１人でいることの強さ」などを考えさせる機会にしましょう。

堂々とした行動に心がけさせ，友達のよさを見る訓練をさせることで，安心できるクラスの雰囲気ができ上がる。

ここに注意！ NGの叱り方

　1人で教室にいるからと言って，友達とうまくいっていないわけではありません。授業中や学級活動などで，他の子と普通に接することができていれば，問題ありません。しかし，急に1人になることが多くなったり，他の子に避けられる様子が見られたら，注意が必要です。必ず，話を聞いて対応しなくてはなりません。「1人でいることを楽しんでいる」のか，「無理に1人でいる」のか，大きな違いです。その違いを見分けることができるように，日頃から子どもをよく観察しておかなくてはなりません。

クラス集団がもっと成長する！ その後指導

　特に高学年の女子は，友達の些細な言動を自分勝手に解釈して，悪い方向に考える傾向があります。女の子の様子はよく観察しておいて，怪しい雰囲気を感じたら，「物事をよい方向に考えることが幸せ」「誰もが，安心して生活したいと願っている」といったことを，具体的なエピソードを交えながら，「先生のお話」として話しましょう。女子の件には無関係な，一般的な話として伝えることが大切です。

3 思わず叱りたくなる！
学級活動での困った場面 6 集団意識に欠けたクラス

> 学習発表会や運動会などで，1つのことにクラスで取り組まなければならない時，「みんなでがんばろう」という集団意識に欠け，個々バラバラで活動してるように感じられて不安です。

こうしよう！

1 学級イベントでクラスの絆づくり

クラスの団結力を高めるために，本気で取り組むことのできるイベントをどんどん行うことが効果的です。子どもが「やりたい」と思えるようなものを担任が提案していきましょう。たとえば，「靴とばし大会」や，「空き缶積み大会」，「Ｓケン」など，チームで競うものが最適です。子どもが本気になると，本音を出してきます。そこで，子ども同士のぶつかり合いが起こります。**本音を出してぶつかり合うからこそ，互いの気持ちを学ぶことができます。**こうして，クラスの団結力は高まっていくのです。表面上，問題なく接してばかりという状況では，「同じクラスの仲間」という意識は，いつまで経っても形成されることはありません。

2 学校行事や児童会行事を盛り上げる

運動会や音楽会，ドッジボール大会など，クラスの結束力を必要とする行事があります。それらに取り組む時は，担任がクラスの団結を呼びかけ，子どもたちの意識を高めるように盛り上げることが必要です。クラスの核は担任です。担任が冷めた姿勢でいれば，子どもたちの「がんばってよい結果を出そう」という気持ちは起こりません。熱をもって行事に取り組む姿を子どもに見せて，クラスを牽引しましょう。

> Aくんがふざけたから遅くなったんだ！

> そんなことない！先にやったのはBくんだ！

> もっと本音でぶつかれ！

本気で活動することで，本音でぶつかり合うことができる。それが，クラスの団結力を生む！

ここに注意！ NGの叱り方

　ケンカや言い争いが起きそうな時に，教師が先に回って，争いを予防してはいけません。あらかじめ子ども同士の争いを予想した上で，子どもの様子を観察し，ある程度のところまでは，成り行きを見守るようにします。「これ以上続けたら，修復が難しくなる」という手前で，指導するようにします。「何が，争いの原因か」「どうすれば，解決するのか」を，子どもたちと一緒に考えて，時にはよい方法を提案しながら，最終的には，子どもたちが解決したり，争いが起こらないように考えたりする力を身につけさせることが大切です。最初からストップをかけていては，いつまで経っても集団の教育力は高まりません。

クラス集団がもっと成長する！ その後指導

　言い争いやケンカの後は，双方が心から納得してはいません。少し冷静になってから，互いに，「何が相手を怒らせたか」「自分が改めることはないか」「今後，どうすれば争いを予防できるか」といったことを子ども自身に考えさせるようにします。自分で考えて決めたことですから，子どもは納得して反省し，後の行動に生かすことができます。

3 思わず叱りたくなる！学級活動での困った場面

Ⅱ章　クラス集団に響く！「叱り方」の技術60　81

3 思わず叱りたくなる！学級活動での困った場面 7 一生懸命さが感じられないクラス

> 何をやるにも，そこそこ適当にこなしてしまう。最後まで一生懸命に取り組む姿勢に欠け，「やってやろう」という意欲があまり感じられない子がたくさんいて悩んでしまいます。

こうしよう！

❶ 全ての子に全力でやらせる

　一部のやる気ある子だけが一生懸命になっていて，中には，適当に友達のやることについていって，目立たないように手を抜いている集団があります。これでは，クラス全体がやる気あふれる集団にはなれません。やるべきことをやらないで，遊んでいたり，話し合いに参加しなかったりと，適当に手を抜いてやっている子は，すぐに見つけることができるはずです。そのような子が出ないように，当番活動でも係活動でも，全ての子にやらなくてはならない役割を分担させるような工夫が必要です。どの役割が欠けても，クラス全体の動きが止まってしまうとなれば，どの子も責任を感じて活動せざるを得なくなります。もちろん，それでも手を抜くようなら，厳しく指導です。

❷ 意欲は，ほめて高める

　初めのうちは，誰でも「やってやろう」と意欲的に活動できます。しかし，必ず中だるみがやってきます。そろそろ中だるみする頃を見計らって，「よくがんばっている」「さすが〇年〇組だ」と，萎えそうな気力を回復する言葉をかけましょう。担任のほめ言葉は，最高の意欲喚起の言葉になります。「やって当たり前」と思うことでも，大いにほめて，子どものやる気と努力を認めることが大切です。

クラスのやる気は，教師がつくる！　子どもと一緒に活動する教師でいよう！

ここに注意！　NGの叱り方

　中だるみが起きた時に，「どうして，続けてがんばることができないんだ」などと，厳しい言葉で叱るのは逆効果です。子どもからすると，「私たちは，精一杯やっている。自分でやってみれば？」と，なってしまいます。ほめて励ますのが基本ですが，どうしても許されない時には，「君たちなら，もっとできると期待してるのだ」という言い方にして，子どものやる気を削がないような配慮が必要です。また，一生懸命やっての失敗は，絶対に叱ってはいけません。一生懸命さを認めた上で，うまくいくようにアドバイスしてあげましょう。

クラス集団がもっと成長する！　その後指導

　励ましやほめ言葉が，心の込もっていない形式的なものになってはいけません。子どもは，こちらの気持ちを見抜いてしまいます。そうならないためには，全てを子どもに任せっぱなしにするのではなく，担任自らが身体を動かして，子どもと一緒に活動することです。教師も子どもと同じように苦労を感じなければ，心から子どもの気持ちを理解し，認めることはできません。「子どもとともに」が基本です。

3 思わず叱りたくなる！学級活動での困った場面 8

校外学習で勝手な行動をする子が多いクラス

> 学校では，きまりを守って行動できるようになっているのですが，遠足や社会科見学などに行くと，勝手な行動をしたり人に迷惑をかけたりする子が多いように感じられます。

こうしよう！

❶ 日頃から，「自律」を促す指導が必要

　校外学習など，特別な場面になると気分も高揚しますし，校内とはパターンが異なる行動をしなくてはなりません。校外学習で崩れてしまうのは，普段から教師の命令で行動させていたということです。**校外学習での姿が本来のクラスの力**であると考えて，もし規律を守れない子が多いようなら，日頃の指導を見直す必要があります。「集団行動ができないとどうなるか」「きまりを守らないとどうなるか」と，子どもに問いかけ，考えさせる指導に切り替える必要があります。

❷ 集合・整列を日頃から訓練

　校外学習の指導で大切なことは，子ども自身の力で集合・整列ができることです。「先生の所に集合」「〇時にこの場所に集合」という指示に対して，自分たちで声をかけ合って集合し整列ができるように指導します。そのためには，日頃からの訓練が必要です。教師がいちいち命じていては，自分たちで集合・整列をすることはできません。最初は時間がかかっても，じっとこらえて子どもたちの様子を観察し，集合し終えた後に，「もっと，早くできるはず」という指導を続けましょう。時間を守る，室内で暴れないといったことも同じで，「何がいけないか」「なぜいけないか」を，子どもに考えさせるようにしましょう。

見学先での子どもの様子で、自身の日頃の指導を評価し、反省しよう。

ここに注意！　NGの叱り方

　見学先で、大きな声で怒鳴っている教師を見かけることがあります。子どもを集合させるのに、ホイッスルを使っている学校もあります。危険な行動をした場合は別ですが、基本的に校外に出たら、厳しく叱ってはいけません。周りで見ている一般の人の気分を害することにもなり、「どんなひどい学校なの？」と、偏見の目で見られかねません。そうなると、可愛そうなのは子どもです。自分勝手な行動に腹が立つ気持ちは分かりますが、「これも、日頃の指導の至らなさ」と、自分の指導の反省材料としましょう。見学先では穏やかな口調で、たしなめる程度に止めるべきです。

クラス集団がもっと成長する！　その後指導

　穏やかな口調であっても、見学先で教師に叱られるのは、校内のそれとは比べものにならないショックを受けるものです。叱った後はすぐに行動を改めるはずですから、すかさず、「それでいいんだよ」「やれるじゃないか」などのひと言が大切です。子どもにとって、楽しい思い出となる校外学習にしてあげることが、第一です。

3 思わず叱りたくなる！学級活動での困った場面 9 いつも特定の友達でグループをつくってしまうクラス

> いつも特定の友達でグループをつくって活動する子が目立ちます。遊びの時だけならまだしも，当番や係，調べ学習などでも，いつも固まって行動しようとして，困ってしまいます。

こうしよう！

1 意図的に交流させる

　子どもたちに任せておくと，必ず仲のよい者同士で組むことになります。遠足の班分けや，係や当番，学級遊びや班学習などは，好きな者同士でグループを組ませないようにしましょう。教師がグループ分けをしたり，ジャンケンやくじ引きで決めたりすることで，できる限りたくさんの友達と活動する機会をつくります。**様々な友達と交流することで，友達だけでなく，自分自身でさえ知らなかった自分の一面に気づく**ことができます。そのことによって友達関係が広がり，人間関係を学ぶことができます。友達関係を広げることは，子どもたちの世界を広げることです。

2 男女の交流を活発に

　低学年でも，放っておけば男の子と女の子は分かれて活動するものです。しかし，意欲的でまとまりのあるクラスは，男女が分け隔てなく活動することができなくては成立しません。生活班や学習班，当番などは，男女混合を基本としてつくりましょう。また，授業中のループづくりや学級活動などは，男女混合でグループをつくっている子どもをほめながら，男女関係なく活動するのが当たり前の雰囲気を，教師が意識してつくり上げていくことが大切です。

子どもの交流は，教師が意図的に指導することで，活発になる。

ここに注意！ NGの叱り方

　教師が特に指導しなくても，活動内容や目的に応じて誰とでもグループをつくることができるようになるまでは，子どもたちの「自分たちで班を決めたい」という要望には，決しておもねらないことです。たとえ，好きな者同士を許可するとしても，必ず「今回だけは，先生からのご褒美だよ」というように，教師が決定権を握っていることを知らしめるようにしましょう。一度でも子ども主導でのグループづくりを認めると，以後，教師が意図的に子どもたちを交流させる方法をとることが困難になってしまいます。

クラス集団がもっと成長する！ その後指導

　体育や学級活動の時間に，グループづくりのゲームを行います。すると，いやいやながら男女混合でグループをつくる子が出てきます。
　「男女関係なく誰とでもグループをつくることができるのは，すごい」などと，その班を取り上げて，大いにほめます。すると，次から，男女混合で班をつくる子が増えていきます。それをまた，ほめる……。このようにして，交流の輪を広げるように牽引していきましょう。

3 思わず叱りたくなる！学級活動での困った場面 10 学級イベントが盛り上がらないクラス

> 話し合いをすると，特定の子から，おきまりの意見しか出てきません。学級イベントでも，ドッジボールやハンカチ落としなど，ありきたりなものばかり。学級活動が全く盛り上がりません。

こうしよう！

❶ 「こんなことやっていいの？」という活動を

　子どもが本気で取り組む気のしない活動をしていると，学級活動に活気が失われてしまいます。「勉強よりも，まだマシ」と，適当に時間をつぶすだけの学級活動になってしまいます。たとえば，学級園で育てた野菜を販売したり，調理したりして「やり遂げた感」のある活動をしたり，教室をお化け屋敷や迷路に改造して「非日常」を感じる活動に挑戦してみましょう。子どもたちが，「こんなことやっていいの？」と思うくらい大がかりな活動に取り組ませると，話し合いが活性化します。成功させたい，楽しみたいと，本気で考え，意見の交流が始まります。本番までの過程も自分たちで考えて動くようになります。

❷ 教師の発想を子どもに伝える

　子どもは経験が少ないので，「何かやってみたいことはない？」と尋ねても，出てくる意見は遊び時間にやっているドッジボールや鬼ごっこといったものばかりです。特に，学年が小さいうちから，教師がクラスで楽しむことのできるゲームやイベントを紹介することが大切です。たとえ，「ジャンボカルタをやろう」と教師が提案したとしても，準備物や進め方など，子どもに考えさせる場面はたくさんあります。**子どもの発想は，教師が経験させて広げるもの**です。

本気になる活動を教師が提案し，具体的な進め方を子どもに考えさせれば，学級活動は盛り上がる。

ここに注意！ NGの叱り方

　真剣さを欠く子どもたちの姿に，思わず腹を立ててしまいそうになります。しかし，「自由に考えてみよ」「好きにやってよい」と言われても，経験の少ない子どもには，無理というものです。それを，「真剣に考えていない」などと，厳しく叱れば，「自分たちは，何もできない」と，自信を失ってしまいます。高学年にもなれば，「自由にやっていいと言うから，気楽にやっているんだよ」と反発して，クラスの雰囲気が悪くなったり，教師との信頼関係が崩れたりする危険もあります。

クラス集団がもっと成長する！ その後指導

　まず子どもたちで自由にやらせてみて，「真剣になれた？」「本当に楽しかった？」と，尋ねるようにします。多くの子どもが，「それほど楽しくはなかった」と感じています。そこで，本当に楽しむためには，手っ取り早く自分の知っている遊びやゲームですましては不可能ということを実感させます。そして，楽しむためには，真剣になってやりたいと思うことを話し合いの前に調べなくてはならないことを学ばせなくてはなりません。

「力の序列」ができてしまったクラス

3 思わず叱りたくなる！学級活動での困った場面 11

勉強やスポーツができる子が優位に立ち，友達関係に「力の序列」ができてしまいました。何をするにも立場の強い子の思うように物事が進み，平等・対等な空気に欠けているように感じます。

こうしよう！

1 教師の統率力が平等を保障する

　給食や掃除時間に，序列関係が最も現れます。人気メニューをたくさんおかわりしても，誰からも文句を言われない子と遠慮している子。掃き掃除ばかりやる子と拭き掃除ばかりの子。このように，何かと強い立場の子が得をして弱い子が損をすることになります。何の指導もせず放置しておけば，このような不平等・不公平がまかり通るクラスになってしまいます。そうしないためには，教師がクラスという集団の「ボス」であることが必要です。不公平があれば，「やめよ」と止める力が，不平等には厳しく対処する力が必要です。**クラスは，教師というリーダーの下でこそ，平等を保障される**のです。

2 平等を保障する仕組みづくりを

　組織が円滑に回るための仕組みづくりが必要です。仕組みがしっかりしていないと，立場の強い子が得をする隙を与えてしまいます。たとえば，給食のおかわりの順番を生活班でローテーションするとか，区画分けした場所を，個人で責任をもって掃除するといった，仕組みづくりを工夫しましょう。当番の割り当てを，全員が公平に行われるようにして，しっかり取り組んでさぼる子が出ないような仕組みづくりを進めることで，平等・公平が保障されます。

> 私の場所はピカピカにするよ
> ぼくの担当場所はここだ！
> 早く終わっちゃった…　手伝っていい？
> ありがとう！

教師の統率力と，平等を保障する仕組みづくりで，クラスから不公平をなくそう。

ここに注意！　NGの叱り方

　立場の強い子を，ダイレクトに「ずるいことをするな」などと叱っても，根本からの改善は期待できません。教師の見ていないところで，自分勝手な行動をするようになります。給食や掃除でズルできないような仕組みづくりを行い，教師主導で，楽しい学級活動を行って子どもが交流する機会をつくりましょう。また，機会がある度に，クラスで，「序列ができたら，どんな困ることが起こるか」「楽しいクラスにするために，序列がどれくらい弊害になるか」といったことを考えさせたり，教師が語ったりして，平等・対等な関係の素晴らしさを理解し，実行できる気構えをつくらせるようにしましょう。

クラス集団がもっと成長する！　その後指導

　友達に嫌な役割を押しつける，自分が得をしようとするといった行動を見かけたら，その場では行為にストップをかけるだけに止めます。後で，「もし，こんなことがクラスであったら？」と，話を一般化して，クラス全体で考えるようにします。事情を知らない子から出てくる意見に，自分勝手な行動をした子は強く反省します。

3 思わず叱りたくなる！学級活動での困った場面 12 話し合い後にいつも不平や不満の出るクラス

> 話し合いの場では，質問や反対意見を出したり自分の考えを言ったりしないのに，話し合いが終わった後で不平や不満が飛び交い，クラスの雰囲気が悪くなってしまうことがあります。

こうしよう！

❶ 話し合いのきまりを常に確認

　話し合いを終える前には，必ず質問や意見はその場で出すという，話し合いのルールを確認します。そして，「決まったことに不満や文句を言わないと約束できない人は起立」と念を押して終わります。

　このように，不満があっても，陰口のような文句を言わないと子どもたち全員で互いに確認し合うことが必要です。不満をもっている子に，全体の場で言わない自分に責任があると分からせましょう。討論は，否定し合うことではありません。相手を知り，新しい視点を得，協調の力を身につけるために行うのです。そのためにも，「意見は出し合う」「議論をし尽くす」「決定事項は守る」といった**話し合いのきまりを，常に確認**させておく必要があります。

❷ 不満を聞き，応援の姿勢で

　後になって文句を言うことは，もちろん許されないことです。しかし，みんなの前で意見を言うことが苦手な子もいます。その子たちの気持ちに寄り添うことも，時に大切です。不満を聞きながら，友達に代弁してもらうなどの方法を一緒に考えたり，相談に乗ったりします。「これはダメ」と一刀両断する前に，話し合いの場で自分の意見が出せるように，応援することが必要です。

話し合いのルールを徹底させて，実のある会議にしよう。

ここに注意！　NGの叱り方

　話し合いが終わった後に不平や不満を口にする子には，思わずカチンときてしまいます。しかし，このような子をみんなの前であからさまに叱ってはいけません。陰で不平を口にするような子は，みんなの前で面子をつぶされることをもっとも嫌います。陰で，さらに不平や不満をまき散らし，教師批判に転じて，学級経営に悪影響を及ぼす危険があります。そっと側に行って，「今回は決まったから仕方ないよ。次は，先生も応援するから，考えを伝えてみようよ」と，教師が気持ちを理解し，応援していることを感じさせるようにしましょう。

クラス集団がもっと成長する！　その後指導

　子どもは，ユーモアが大好きです。話し合いが楽しい雰囲気になれば，意見も出しやすく，たとえ自分とは異なった意見が採用されても，不平や不満も少なくなります。たとえば話し合いの前に，「話し合いで決まったことには，後で文句を言わないと誓います！」と，宣誓するなどの儀式を行います。議決されたら，裁判のように木槌で音を立てるのもよいでしょう。

4 思わず叱りたくなる！友達関係での困った場面

1 悪口や陰口があるクラス

特に女子の中には、陰口を言う子がいます。友達の悪口や陰口を言う子に全体が引っ張られてしまい、子どもたちは、毎日不安を抱えて学校生活を送っています。目立つことや失敗することを恐れて萎縮して、楽しくありません。

こうしよう！

❶ 「気にしない」「楽しく考える」応援を

陰口や落書きは、直接本人に伝えることのできない弱い気持ちで行われる行為です。ですから、被害を受けた子は、本来全く気にしなくてもよいことです。日頃から、クラス全員に「あまり気にする必要はない」ことを伝えるようにします。そして、悪口や落書きをする人は、結局他の人から信頼を失い、避けられることを子どもに伝えて、陰口が通用しないクラスの雰囲気をつくりましょう。

❷ 教師が模範を示す

どの子でも、少なからずは友達の悪口を陰で言っているものです。しかし、クラスに陰口が横行し、萎縮した雰囲気になっている場合は、学級経営を根本から見直す必要があります。このようなクラスの子どもは、クラスでの存在感や有用感がぐらつき、自信を失っている場合がほとんどです。自分を認められない子が、友達を認められるはずがありません。それで、友達批判、教師批判が起きるのです。**個々の子のよさをしっかり認め、当番や係活動、授業などでその子の有用感を高める指導に心がけましょう。**

子どもに卑劣さを考えさせ，意見を出し合わせることで，陰口を許さないクラスの雰囲気をつくる。

ここに注意！　NGの叱り方

　一通り指導して収まれば，それ以上指導する必要はありません。悪口を厳しく叱ったり，落書きの犯人捜しにやっきになったりすればするだけ，さらに陰で卑劣な行為を繰り返す恐れがあります。指導したことがあだとなって，深刻ないじめになってしまう例は多々あります。個人的な指導を行う時は，頭ごなしに叱るのではなく，理由をしっかり聞き，「卑怯なことだった」と本人が認めるように質問などをしながら，しっかり考えさせるようにしましょう。

クラス集団がもっと成長する！　その後指導

　陰口が横行しているクラスは，一様に雰囲気が暗く沈んでいます。このような場合こそ，担任の明るさが必要です。授業中も，子どもと接する時も，努めて明るく元気に振る舞い，クラスに光を当て続けることです。子どもの失敗は「失敗して成長する」と笑って励まし，叱った後は「叱られてよかったよ」と，元気に送り出す。担任の前向きさと明るさは，子どもたちを救うのです。いつまでも陰口が収まらない場合は，教師自身の立ち振る舞いや指導を反省しましょう。

4 思わず叱りたくなる！友達関係での困った場面 2 特定のグループの子としか交流しないクラス

> 特定の友達同士で固まって，孤立した小グループがいくつかでき上がっています。他のグループの子とは互いに関わろうとしないため，クラスにまとまりが欠けています。

こうしよう！

❶ 「独占」の危険性に気づかせる

　小グループには，閉鎖的で独占欲が強く働きます。他の子との交流は裏切り行為となり，仲間外しやいじめが始まる危険があります。小グループの危険性から，解放してあげる必要があります。

　そのためには，授業や当番・係活動でさまざまな子と活動させ，その度に**「誰とでも活動できて素晴らしい」と大いにほめて，自信をもたせるようにします。**加えて，機会あるごとに，クラス全員に縛られた関係の不自由さや危うさを考えさせ，友達を独占する必要がないと感じさせるようにしていきます。

❷ 「本当の友達」について考えさせる

　限られた友達とだけしか活動できない関係は，こじれるととてもやっかいなことになり，クラスの活動への活性化が妨げられます。そこで，「本当の友達」について，考えさせることが必要です。「友達に合わせることは楽しいか」「縛られるのは好きか」「どんな関係が理想か」……。安心して本当の自分を出すことのできる関係を築かせるためにも，理想の友達関係について考えさせていきましょう。クラス全体で友達関係について考えていくことで，子どもたちの意識が，縛られた関係が不要なことだと変化していきます。

機会ある度に,友達関係について考えさせることで,クラスの意識を変えていくことが大切。

ここに注意！ NGの叱り方

あからさまに,「友達と離れなさい」などと指導すると,教師批判に転じる恐れがあります。また,無理に引き離せば,同じグループの子から「裏切り者」とレッテルを貼られる恐れもあります。独占欲の強いうちに,相手に裏切られたと感じると,いじめに走る危険があります。それが続くと,グループの中心になっていた子が,逆に周りの子から敬遠され孤立する場合もあります。交流の場を増やし,早く独占欲をなくす取り組みをしなくてはなりません。

クラス集団がもっと成長する！ その後指導

本心では,べったりの関係は嫌だと考えている子がほとんどです。もっと自由に遊んだり会話したりしたいと,悩んでいる子もいます。まず必要なのは,そういった子へのケアです。相当まいっていることもありますから,時折教師が呼び出したり,当番や係などを意図的に分けたりして,互いに離れる時間をつくります。また,友達の言いなりではなく,自分の意志をはっきり伝えることが大切だと教え,実行できるように支援していくことも大切です。

4 思わず叱りたくなる！友達関係での困った場面 ③ 1人で行動する子が目立つクラス

> 友達と会話したり遊んだりしないで，1人で過ごすことが多い子がいます。他の子も声をかけることはあまりなく，たまに声をかけても，他の子と積極的に交わろうとはしません。

こうしよう！

❶ 他の子に積極的に関わってもらう

　孤立傾向にある子がいるのは，教師としては非常に気になるところです。団結力のあるクラスにするためには，子ども同士の交流は活発な方が安心です。そこで，孤立傾向にある子と少しは関わりのある子や，優しく気のいい子にお願いをして，声をかける機会を増やしていきます。ひと言ふた言，声をかけてもらうくらいで，少しでも関わりをもたせるようにします。その子が負担に感じない程度に関わらせ，徐々に友達と休み時間を過ごすようにしていきます。そのうち，友達と一緒に絵を描いたり，本を読んだりするようになります。この時，**教師もさりげなくその中に入って，交流しやすいように支援**していきましょう。

❷ 授業で活躍させ，交流機会を増やす

　他の子との関わりを増やす機会は，授業中であれば無理なく行うことが可能です。グループ学習を意図的に増やして，友達同士で交流することができる授業づくりを工夫しましょう。孤立傾向にある子だけでなく，全ての子が交流することで，子ども同士が互いに理解し合うことができ，友達との距離感を把握することができるようになります。友達と自然体で関わることができるクラスになっていきます。

教師がさり気なく関わって，その子の周りに他の子を集めるなどの方法で，意図して関わりを増やそう。

ここに注意！ NGの叱り方

　元来，子どもは，友達同士で遊ぶことを好みます。しかし，1人で過ごすことが苦にならない子も中には必ずいます。まずはその子をよく観察してみましょう。そして保護者と相談しながら，その子の性格を把握していきます。すると，その子が友達とどのように関わるのがよいのかが分かってきます。無理に，
　「みんなと一緒に遊びなさい」「Aさんが，1人で居るのはおかしい」
などと指導して関わらせようとすると，他の子との関係が悪くなる恐れがあります。

クラス集団がもっと成長する！　その後指導

　他の子と会話したり遊んだりする姿を見かけたら，後で，
　「どんな話をしたの？」「楽しかった？」
などと，さり気なく話しかけましょう。関わっていた子には，
　「Aさんって，意外におもしろい子だよね」
などと，その子のフォローをして，その子に対するプラスイメージをインプットしていきましょう。

4 思わず叱りたくなる！友達関係での困った場面

Ⅱ章　クラス集団に響く！「叱り方」の技術60　99

4 思わず叱りたくなる！友達関係での困った場面 4

友達の物にイタズラをする子がいるクラス

何かを夢中になってやっている友達をからかったり，友達の持ち物を取り上げたりして楽しみ，それが当たり前のようにクラスに蔓延してしまいました。

こうしよう！

❶ 正しい関わり方を身につけさせる

　最近の子は，友達との関わり方が下手な子が多いと感じます。友達とどのように関わればよいか分からない，うまく関わることができなくて，誤った行為で関わってしまいます。特に男の子は，気になる女の子の持ち物を取り上げたり，いたずらしたりして気を引こうとします。トラブルがあった時の指導では，
　「笑って話を聞く」「持ち物の話題で話しかける」「気になれば話しかける」など，**簡単な関わり方を教え，友達との上手な関わり方を考えさせる**ようにしましょう。

❷ やられた時の対応力を教える

　友達から嫌なことをやられた時の，対応の仕方を身につけさせることも重要です。持ち物を取り上げられたり，何かを一生懸命やっているのをじゃまされたりしても，大騒ぎをしてはいけないと教えます。
　たとえば，「机の上に返しておいてね」「気が散ったから，別のことするね」と，全く気にしていないふうを装って，その場を離れるといった対応を教えます。対応を身につけさせることで，相手の気分を悪くさせるやり方ではうまく関われないと分かれば，正しく関わることのできるクラスに変わっていきます。

> やーい！この筆箱ダッセーの！

> 授業までに机に戻しておいてね

正しい関わり方を身につけさせるための方法を考えさせ，身につけさせることで，イタズラのないクラスになっていく。

ここに注意！ NGの叱り方

　正しい関わり方を知らず，軽い気持ちでやったこととは言え，やられた子には相当なショックです。「遊びのつもり」と子どもが言い訳をしても，友達の物にイタズラをして遊ぶ風潮がクラスに蔓延すると，ひどいいじめに発展する危険があります。軽くたしなめても繰り返されるようなら，厳しく叱って戒めましょう。

　相手の気持ちを考えずに，遊び半分でイタズラをする傾向があると感じた場合は，クラス全体の問題として取り上げ，初期のうちになくすようにしましょう。

クラス集団がもっと成長する！ その後指導

　自分に自信をもてないがゆえに，このような行動で自分の存在感を確かめる傾向があります。ユーモアや元気なところなど，その子のよいところを見つけ，認めるように心がけます。クラスの中で，互いに認め合うことができれば，無理をして相手の気を引くことも必要なくなり，友達の気分を悪くして関わりをもとうとする子はいなくなります。

4 思わず叱りたくなる！友達関係での困った場面

Ⅱ章　クラス集団に響く！「叱り方」の技術60

4 思わず叱りたくなる！友達関係での困った場面 5 勉強や運動が苦手な子をバカにする雰囲気のクラス

> 勉強や運動が苦手な子に対して，傷つく言葉で責めたり，人格を否定するような言葉でののしったりすることがあります。周りの子もそれを注意しないばかりか，面白そうに見ています。

こうしよう！

❶ すぐその場で厳しく指導

　人として，できないことをバカにしたり責めたりするのを許しておいてはいけません。同じクラスの友達に対してであればなおさらです。すぐに授業を中止して，厳しい指導が必要です。後で指導しようとしても，「言っていない」としらを切ったり，本当に忘れてしまう場合もあります。すぐにその場で，クラス全員を注目させて，
　「今言ったことをもう一度繰り返してごらん」
と厳しいひと言で戒めます。**絶対に許さないという担任の意志をきっぱりと子どもたちに伝え，互いに応援し合うクラスを目指すことを宣言**しましょう。

❷ 担任の思いをぶつける

　人の不得手なことをバカにしたり，自分より能力が劣っているからと笑ったりするのは，人間として醜いことです。友達をバカにするような態度を見かけたら，別室でとことん話をするなどして，厳しく指導しなくてはなりません。人をバカにすることは醜いことだと，反省を促すように叱ります。友達に優しく，思いやりのある人に成長してほしい，一生懸命やる友達を認め励まし合うクラスになってほしいという願いを，必ず伝えることが大切です。

> 今,何て言った？
> リレーは中止！
> みんな集合！

> 何やってるんだ！
> このノロマ！

全ての活動を中断して，厳しく叱り，クラス全員で考えさせることが大切。

ここに注意！ NGの叱り方

　個人に対する叱り方は，「短く・厳しく・あっさり」が基本です。あまりにも執拗に責めることは，その子の人格を否定することになってしまいます。バカにする態度をとった本人に対して，手短に厳しく指導して，「誰も注意する者がいないのはなぜか」「同じようにバカにしていたのではないか」と，後はじっくりとクラス全体の問題として全ての子どもたちに考えさせるようにします。人をバカにすることが恥ずかしい，バカにすることなどできないというクラスにしていかなければ，同じことが繰り返されることになります。

クラス集団がもっと成長する！ その後指導

　特に，本気で競い合っていると，勝つことに必死になり，子どもの本音が出てきます。「勝ちたい。何をトロトロやってるんだ」と，そういう思いが目に見えるかたちで表れるのです。このような時こそ，クラス集団を鍛える絶好のチャンスです。「罪を憎んで人を憎まず」の精神で，人間の自分勝手な醜い心に勝つために，何ができるのかを，クラス全員で考えさせる機会にしましょう。

4 思わず叱りたくなる！友達関係での困った場面

4 思わず叱りたくなる！友達関係での困った場面
6 仲間外しがあるクラス

> 仲よしグループの中の1人が，寂しそうにポツンと1人になってしまいます。グループの他の子は，その子を避けるようにして，あさらかに仲間外しをしているようなのですが……。

こうしよう！

❶ 注意深く見守りながら慎重に対応

　仲間外しは，放っておくと深刻ないじめに発展する危険な状況と考え，慎重に対応するように心がけます。特に学年が上がるに従って，**拙速に結果を求めて，強制的な指導をするのは避け，慎重に対応**しなくてはなりません。下手に介入すると，かえって問題がこじれて，真の解決につながらなくなります。場合によっては，「先生が入ったから，ややこしくなった」などと，責められることにもなりかねません。数日たって，自然に解消する場合もあるので，子どもの状況を1週間程度観察する必要があります。土・日をはさんで，次の週になっても仲間外しが続いている場合は，行動を開始します。

❷ 子どもの意志を確認しながら対応

　子どもには，「解決したいと思うよね」「話し合ってみる？」「先生も話に入っていい？」と，常に子どもの意志を確認しながら対応することが大切です。子どもの意志を確認せずに介入して，強制的に解決しようとすると，表面的な解決に終わり，後に遺恨を残すことになってしまいます。どちらかを「悪い」と指導することなどは，もってのほかです。加害児童にも，言い分があります。双方が気持ちを出し合い，自らの反省を促すように指導しなければ，解決はできません。

あからさまな介入をせず，子どもの意志を確認しながら対応しなければ，問題がこじれる危険がある。

ここに注意！ NGの叱り方

　決して，「仲よくせよ」「いじめは許さない」と，強制的に解決しようとしてはいけません。1人になっている子から，仲間外しの状況やそうなるに至った経緯などを聞き取ることからスタートします。その後，相手方の子から事情を聞き，双方の「解決する意志」を確認します。教師がどこまで介入するか，「先生は入った方がいい？」と，確認します。基本は，当人同士の話し合いに任せます。教師の役割は，双方の言い分を聞きながら，解決に向けて助言していくことです。特に，高学年の子には必要な配慮です。

クラス集団がもっと成長する！ その後指導

　一応解決して元に戻った後でも，さり気なく注意して観察する必要があります。トラブルを機に，付き合う友達が変わるのはよしとして，互いを批判したり陰口を言ったりするなど，同じことが繰り返されないように，日頃から子どもの友達関係を観察しておくことが重要です。友達関係に対しては，慎重すぎるくらいの心づもりで観察することが大切です。

4 思わず叱りたくなる！友達関係での困った場面 7

力関係で優位の子が威圧的に振る舞うクラス

対等な話し合いではなく，明らかに優位な立場にある子が，弱い立場の子に対して，威圧的に要求をのませ，それが当たり前になっていってしまいました。

こうしよう！

❶ 本当は情けない姿だと分からせる

友達に威圧的な態度で迫る子には，必ず，
「同じことを，自分よりも強い人に言えるか？」
と問いかけます。ほとんどの子は黙ってうつむくか，首を横にふって反省の色を浮かべます。
「強い人には頭を下げて，弱い者にはいばり散らす。卑怯だよね？」
特に男の子の場合は，「弱者を守る」「正々堂々たたかう」といった正義感に憧れをもち，人から卑怯者・弱虫と見られることを恥じます。**時には，他の子が見ている前で叱って反省させ，改めさせることも効果的な指導**になります。

❷ クラスを意識させる

威圧的に要求をのませようとすると，相手だけでなく，周りで見ている友達もいい気はしません。力によって自分の思い通りにしようとする者を，本当に好きになり信頼する人などいません。それを容認しているクラスであってはいけません。
「嫌われ者になっていないか？」「安心して過ごせているか？」
と問いかけて，自分たちを振り返らせ，互いに対等な立場で付き合うことができるように，常に考えさせる機会をつくるようにしましょう。

> 昨日も雑巾やった
> おれがホウキでおまえは雑巾！文句ある？
> Aくんにも同じこと言えるわね？
> ↑Aくん

威圧的に友達を押さえつけることは，実は卑怯なことだと分からせて，正義感に訴える指導を続けよう。

ここに注意！ NGの叱り方

　友達にきつく当たるからと全てを否定すると，「分かってもらえない」と反発して，教師に反抗する場合もあります。このような子がもっている影響力や行動力は，認めるに値するものです。そのことを認めた上で，
　「君の力は，友達を助けるためにある」
　「力ある人は，力の使い方に責任をもたなければならない」
など，自分のもっている影響力に気づかせ，力の使い方を考えさせて，正しい方向に力を発揮できるように導くことが必要です。

クラス集団がもっと成長する！ その後指導

　友達ですから，必ず助け合ったり励まし合ったりする場面があるはずです。「がんばれ」のひと言や，掃除を手伝うなどの行動に対して，見逃さないで認め，ほめることに努めましょう。友達は力で押さえつけてつくるのではなく，助けたり励ましたりしてこそ仲よくすることができるのだと，教師がそのような場面を認めることによって，実感させることが大切です。

4 思わず叱りたくなる！友達関係での困った場面

4 思わず叱りたくなる！友達関係での困った場面 8

交換日記やメールでトラブルが起きたクラス

仲のよい友達と交換日記をしたり，メールで連絡を取り合ったりする子がいます。ところが，教師の知らないところで，クラスに亀裂が入るような事態になりそうで，不安です。

こうしよう！

❶ 保護者と協力して対応する

　交換日記もメールやSNSも，放課後，教師の目が行き届かないところで行われることになります。学校・教師だけで対応することは，ほとんど不可能です。必ず保護者の理解と協力が必要になります。保護者も，「楽しくて仲のよいクラス」を望んでいます。よい仲間関係や楽しいクラスづくりのためなら，協力を惜しむ保護者はいません。

　クラスでどれくらいケータイやスマホが普及しているのかを把握したり，使い方が守れているか確認したりなど，保護者の協力が得られるよう，保護者会や学級通信で呼びかけましょう。交換ノートやケータイなどでトラブルがあった場合は，**子どもに指導するだけでは問題は解決しません。必ず保護者を交えて指導する**ことが必要です。

❷ きまりを守る力を育てる

　最近では，ブログやTwitter，LINEなどの，きまりを守らない誤った使い方で，個人情報が漏れたりいじめにつながったりと，深刻な問題が起きています。問題の根は，「日常のきまりを守る心構え」にあります。「きまりを守ることが自分を守り，人に迷惑をかけない」という当たり前のことが，日常生活でできるように指導してこそ，このような問題を指導することが可能になるのです。

> 家でメールばかりで…携帯の使い方のルールを守らないんです

> 片づけなどおうちの決まりも守れていますか？　意識づけが大切ですよ

「日常のきまりを守る」力を身につけさせることが、トラブルを防ぐ重要なキーポイントになる。

ここに注意！　NGの叱り方

　強制的に禁止しても、やろうと思えば、分からないようにこっそりやってしまいます。特に子どもは、親や教師から禁止されると、逆に反発してやってしまうこともあります。強制的な禁止は、表面上の指導になる危険があり、そうなると問題が大きくなるまで周りの大人は気づくことができなくなります。そこで、「人の悪口は書かない」「教師や親が時々確認する」「やりすぎない」という条件で認めます。

　このような指導は、問題が起きてからでは遅いので、早々に対応することが大切です。

クラス集団がもっと成長する！　その後指導

　特に学年が上がると、大人よりも機器を使いこなすようになるので、大人が知らないうちに、ネットによる犯罪に巻き込まれる危険が大きくなってしまいます。LINEやFacebookで知り合う「友達」の危険性についてなど、しっかり考えさせ、危険から遠ざかる意識をつけさせることが重要です。また、保護者にも、情報機器の危険性について啓発して、フィルタリング機能などを検討してもらいましょう。

4　思わず叱りたくなる！友達関係での困った場面

Ⅱ章　クラス集団に響く！「叱り方」の技術60

4 思わず叱りたくなる！友達関係での困った場面 ⑨ 集団で特定の子に嫌がらせをするクラス

複数の子が１人の子を戦いごっこの標的にしたり，その子の持ち物をボール代わりにパス回ししたりして，本人が明らかに嫌がっているのに面白がって笑いながら遊んでいるのを目にすることがあります。

こうしよう！

❶ 子どもの言葉におもねらない

声をかけると，ほとんどの場合，子どもたちは「遊びです」と答えます。しかし，それを鵜呑みにしてやり過ごしてはいけません。子どもは遊びのつもりでも，１人の子を標的にしてからかっている姿に，教師として何かよからぬものを感じるはずです。大切なのは，子どもの感覚ではなく，教師の感覚です。**１人の子を複数でからかって遊んでいるのを見かけたら，必ず声をかける**ようにします。たとえ本当に遊びであったとしても，声をかけ，何もなければそれでよいのですから。いじめには敏感すぎるくらい注意を払うようにしましょう。

❷ 教師の決意を見せる

このような事例は，将来大きないじめに発展する危険性が大です。遊びのつもりでも，１人の子が嫌がっているのです。たとえ，周りの子が「遊び」と言い張ったとしても，教師の指導に反発しても，そこでひるんではいけません。「いじめになる危険があるから，他の先生の意見も聞いてみよう」「楽しい遊びなのか，クラスで考えてみよう」などと言って，いじめにつながる行いは決して許さないという姿勢を見せなくてはなりません。教師の気迫に，子どもたちはこのような行動を控えるようになっていきます。

> 返して…
> 何してるの！
> 遊びには見えない職員室で聞きます
> ただの遊びで〜す！

集団での「からかい」は，後にいじめに発展するという認識で，厳しく対処する姿勢を示そう。

ここに注意！ NGの叱り方

　自分のクラスからいじめが起きることを，異常なくらい嫌がる教師がいると聞きます。「遊びです」という子どもの言葉を，現実から逃避する逃げ口上にしてしまうと推測されます。教師としてだけでなく，人として許されることではありません。

　自分のクラスからいじめを出したくないのであれば，このようなトラブルに対する日頃の些細な観察と指導を怠らないことです。からかわれやすい子や，孤立傾向にある子などはよくよく注意して観察しておき，「怪しい」と感じたら，些細なことでも即指導です。

クラス集団がもっと成長する！　その後指導

　このような事象の多くは，教師の目が届かないところで起きています。ですから，どのクラスでも起きる危険性があります。日頃から，授業や学級会でいじめについて考えさせ，子どもたちの意識を高めることが必要です。すると，子どもたちからの情報が入るようになります。加えて，教師間でも，子どもの情報交換を密に行い，大勢の目で子どもを見守る体制をつくることが必要です。

4 思わず叱りたくなる！友達関係での困った場面 10 異性に関するトラブルが起きたクラス

高学年を担任しているのですが，女の子の間で，好きな男の子をめぐって，友達関係がおかしくなってしまいそうです。こじれて長引くと，クラス全体の調和が崩れてしまいそうで不安です。

こうしよう！

1 男女の別なく活動させる

　男女が仲よく一緒に活動することができるクラスでは，このようなトラブルは少なくなります。このようなクラスの女の子には，
「そういうことにかまっている暇はないし，関心もない」
と言いきる子が少なくありません。異性を意識する年頃ですから，気になる異性はいると思いますが，毎日，学習や当番・係活動などで一緒に活動することで，楽しく学習したり交流したりすることにエネルギーが使われていきます。反対に，何となく気迫が足りないクラスでは，エネルギーを発散する場を異性やおしゃれに求める子が多くなります。結局は，クラスの運営にトラブルの回避がかかっています。

2 教師が模範を示す

　あからさまな「仲間外し」や，集団でのいじめに発展しないかどうかだけを見守りながら，基本的に静観の構えです。小学生ですから，1か月もすれば他の子を好きになったとケロリとする子も少なくありません。そのことがもとで，互いの人格を傷つけ合い，修復できないまでになることの方が心配です。周りの子の協力を得ながら，「周りに迷惑をかけそうなら，教師が介入する」とだけ伝え，互いに気持ちが落ち着くまで待つのがいいでしょう。

クラスの雰囲気が壊れるほど険悪にならない限りは，介入せずに静観するのが基本。

ここに注意！ NGの叱り方

　特に教師は，子どもの異性への関心や恋愛感情を，見て見ぬふりしがちです。中には，「そんなこと，小学生で……」などと，全否定する教師もいると聞きます。しかし，小学校の高学年くらいの年頃になれば，異性を意識するのが当たり前です。たとえば，国語で恋愛について書かれた作品を授業化したり，道徳や保健で異性の気持ちを考えさせたりすることも必要です。子どもの気持ちを理解しながら，一緒に会話したり学習したりしながら，小学生にふさわしい異性との付き合い方を身につけさせることが必要です。

クラス集団がもっと成長する！ その後指導

　このことが元で，小グループに分かれて，クラスが険悪な雰囲気になるなど，他の子を巻き込んでのトラブルに発展することのないように注意しなくてはなりません。このようなトラブルを防ぐために，何の問題も起きていないうちに，「男女のトラブルに，友達を巻き込まない」ことを子どもたちに申し渡しておきます。また，最大の予防策は，男女仲のよい学級経営です。授業や学級活動の工夫が求められます。

4 思わず叱りたくなる！友達関係での困った場面

11 暴力的な行いが目立つクラス

日頃から，友達との関わり方が乱暴で，些細なことで乱闘騒ぎが起こってしまいます。突然キレて，見境なく暴れる子もいて，落ち着いて生活することができません。

こうしよう！

❶ 子どもの話をしっかり聞く

　乱暴な子・暴力をふるう子は，「言葉で表現できない」から，自分の気持ちを身体で表現するしか方法がないのです。残念なことに，このような子が，増えています。些細なことですぐに手が出て，感情をぶつけ合ってしまい，それがクラス全体に波及して収拾がつかなくなってしまいます。言葉で表現する力を伸ばすためには，まず，子どもの話を，粘り強くじっくり聞くことから始めなくてはなりません。言葉で気持ちを伝えることができることを，教師が身をもって伝えるのです。決して，子どもの気持ちを先取りして，教師が言葉にしてはいけません。忙しいとは思いますが，**子どもの話は腰を据えて聞くように心がける**ことが，子どもの，言葉で伝える意欲を伸ばすことになります。

❷ 自分の行いを客観視させる

　子どもを落ち着かせて，自分の行いを振り返らせるようにします。「何をしていたか」「なぜ，腹を立てたか」「自分の行為を覚えているか」など，できる限り具体的に振り返らせるようにします。すると，カッとなって分からなくなっていた時の自分の行いが見えてきます。客観的に自分の行いを振り返らせることで，自分の行為を気にかけるようにさせることが大切です。

指導は，子どもが落ち着きを取り戻してから行う。冷静になって，自分の行動を振り返らせることが大切。

ここに注意！ NGの叱り方

　教室が騒然としている時に，子どもたちを叱ったり諭したりすることは不可能です。いくら教師が説得しても，相手に向かっていくだけで，聞く耳をもちません。まずはクラスの騒乱状態を収めて，当人や周囲の子の安全確保を行います。子どもたちを互いに引き離してその場から遠のかせるようにします。1人で不可能なら，数人でその子を確保し，他の子と隔離します。静かな場所で気持ちを鎮めさせることに専念しましょう。

クラス集団がもっと成長する！ その後指導

　乱暴なクラスの子どもたちは，感情のコントロールが苦手です。そのために，腹が立ったら，すぐにその場を離れるとか，深呼吸を5回するなど，気持ちをコントロールして，暴力を防ぐ対処法を一緒に考えます。時折，場面を設定して，教師と一緒に練習するようにします。
　同時に，もしも暴力をふるって相手にケガをさせたらどのようなことが起きるのか，想像させるようにもします。普段から，感情のコントロール方法を楽しみながら身につけさせることが大切です。

4 思わず叱りたくなる！友達関係での困った場面 12

「自分中心」の子どもが多いクラス

特に低学年や中学年のうちは，自分が中心にならないと気のすまない子が多く，頻繁にトラブルが起こります。自分が会話や遊びの中心にいないと，非協力的で拗ねる子が続出し，クラスがまとまりません。

こうしよう！

❶ その子の有用感を保障するクラスに

クラスで存在感や有用感を感じていれば，「我が我が」という行動は減っていきます。わざわざ出しゃばらなくても充分満たされて，自分の居場所があると安心させることが大切です。そのためには，係活動や当番活動，授業や学級活動で，すべての子が活躍できるような取り組みを行い，その子が「クラスで役に立っている」と実感できるようにしなくてはなりません。当番活動を1人に1役割り振って，責任をもって担当させたり，係活動で全員が企画・運営に関わることができるようにしたりと，アイデアを凝らしましょう。

❷ その子中心の時間を教師がつくる

特に低学年の頃は，自己中心的に物事を考えるのが普通と考えなくてはなりません。「我が我が」という子は，実は自分があまり友達の中心になることができないと感じています。ですから，無理にでも中心になりたいと強く欲して，このような行動にでるのです。自分を分かってほしいと強く思っています。子どもの有用感を満たすためにも，教師が意図的にその子と会話する機会を増やし，話を聞くようにしましょう。満足感を味わわせるとともに，相手を理解することの大切さを感じ取らせ，協調性を育てていきましょう。

頭ごなしの指導は効果が期待できない。じっくり自分を振り返らせるように，優しく問いかけることが大切。

ここに注意！ NGの叱り方

　頭から，「自分勝手な行動はダメ」「わがまま」「迷惑」などの言葉で叱ると，自信を失ったり意固地になったりして，さらに自己中心的な主張を繰り返すようになってしまう危険があります。学年が上がれば，自分から友達の輪を外れて孤立する危険があります。教師が押しつけるのではなく，必ず自らの言動を振り返ることができる指導が大切です。頭ごなしの指導は，このような子にとっては，無意味です。

クラス集団がもっと成長する！ その後指導

　このような子は，周りの空気を読む力が弱く，自己中心的な，精神的に幼い子です。
　「あなたの行動は，他の子を楽しませた？」
と，客観的に自分を見る力を育てる必要があります。「何がいけなかったか」を，その子が，自らの行いが自分勝手だったと気づくように問いかけながら，指導することが大切です。繰り返し冷静に振り返る指導を行い，自分勝手な行動が，友達の気分を悪くさせることを学ばせましょう。

5 思わず悩んでしまう！保護者対応・職員室での困った場面

1 保護者の前に出ると緊張して話すことができない

> 保護者の前に出ると，つい顔がこわばってしまいます。緊張しく，準備しくいた話の半分も伝えることができなくなってしまいます。保護者の反応も今ひとつで，心配になってしまいます。

こうしよう！

❶ 笑顔・元気・堂々を「演じる」

　保護者にとって，我が子を1年間預ける担任は，人間的に好感をもてる教師であってほしいと願うのが当然です。もし，暗い表情でうつむき加減に話をする人が担任だとすれば，それを喜ぶ親はまずいません。若く経験が少なくても，明るく元気はつらつと「子どもたちと1年間がんばります！」と，言ってくれる教師の方が，安心して子どもを預けてみようと思うことができるでしょう。

　特に若いうちは，保護者の前に立つと，不安と緊張でいっぱいになります。しかし，**理想の教師像を演じることが，保護者を安心させ，自分自身を「めざす教師」に向上させる原動力**となります。

❷ やる気を見せる

　保護者にとって，安心して任せてみようと思う教師とは，「やる気あふれる」教師に他なりません。学習指導に熱心で，子どもが楽しいという授業を工夫する。友達関係や生徒指導に熱心に関わってくれる。トラブルが起これば，親や子の身になって真摯に対応する。誠意をもって対応してくれる教師は，いくら経験や技術が未熟であっても，保護者から信頼を得ています。「子どものために，やれることを全力でやる」そんな教師を目指したいものです。

（吹き出し内）
- えーっと…おそらくそういうことで…
- 頼りなさそうな先生ね…
- 大丈夫かしら？心配…
- 暗いし元気もないわね…

保護者が求める「担任像」を演じることが，相手を安心させ，理想の教師に近づこうという努力につながる。

ここに注意！ NGの対応

「前例がない」「他のクラスと歩調を合わせる必要がある」などと，他の教師との関係ばかり気にしていると，「子どものため」ではなく「自分自身のため」に教育活動を行うようになってしまいます。学校の事情が分からない保護者からすれば，「なぜ，学級通信を出してくれないの？」「なぜ，どの教室も同じ掲示なの？」と，教師のやる気を疑う人も出てきます。確かに，学年や学校全体で歩調を合わせなくてはならないこともあります。しかし，学級経営や授業については，子どものためと考えたことを思いきってやっていきましょう。

教師力をアップする！ プラスα対応

たとえば，保護者からの，「宿題が，少ないのでは？」「読書するようにしたいのですが？」などの質問に対して，自分なりの考え方を堂々と説明することができなくてはなりません。

いくら若くて経験がなくても，親や子どもにとっては「先生」です。教える者としての専門性を，しっかり学び身につける努力をしなくてはなりません。

Ⅱ章　クラス集団に響く！「叱り方」の技術60

（柱）5 思わず悩んでしまう！保護者対応・職員室での困った場面

5 思わず悩んでしまう！保護者対応・職員室での困った場面

2 自分の思いが子どもや保護者に伝わらない

「子どもを理解し，親を理解することが大切」と，よく言われます。しかし，理解しようとしても，こちらの願いや思いが保護者や子どもに伝わらず，悩んでいます。

こうしよう！

❶ 相手に理解してもらうことから始めよう

教師は，親や子どもを理解することには力を入れますが，自分を理解してもらうことを忘れがちです。よく分からない相手の言葉を信用することはできません。ですから，**まず保護者に自分を理解してもらう努力を**しなくてはなりません。「元気で前向きな人」「誠実をモットーにしている人」と教師の人柄が分かって，初めて保護者は担任に親しみをもち，信頼してくれるのです。「子ども理解」「保護者理解」の大切さが言われますが，教師を理解してもらうことなくして，子どもや保護者との信頼関係を築くことはできません。

❷ 学級通信や保護者会を「理解してもらう場」に

保護者会は，担任と保護者が直接顔を合わせることのできる貴重な場です。担任の人柄や教育観など，自分を知ってもらうための工夫をしましょう。たとえば，「担任クイズ」で楽しく自己紹介をします。担任に親しみを感じてもらいながら，理解してもらい，信頼関係を築く第一歩にすることができます。学級通信も，担任理解の効果的なツールです。「担任はこう思う」「こんなところに感動した」と自分の考えを書き添えるようにします。保護者は，そこから日々の指導の基盤となっている担任の考えを理解していきます。

音楽会では，子どもたちよくがんばりました！

楽しい先生ね

私も感動しました！おうちの方も…

子どもが大好きなんだな

教師の人柄や考え方を伝えることで，保護者からの理解が始まり，信頼関係が築かれることになる。

ここに注意！ NGの対応

　事務的で，当たり障りのない保護者会や学級通信などは，保護者からすれば「本心が分からない教師」「温かさを感じられない教師」と受け取られてしまいます。「子どもの姿を見て，自分が何を感じているか。どのような思いで学級づくりをしているか。子どもに期待することは何か」といったことを，自分の言葉で保護者に語り伝えることで，個性が輝き始めます。あなたという教師への理解が始まるのです。

　教師面をして，弱みや欠点を悟られないように自分を包み隠すようでは，いつまでたっても保護者との信頼関係は築けません。

教師力をアップする！ プラスα対応

　現在はインターネットの時代です。ブログやホームページ，Facebookなどを検索して，担任の情報を調べるのが当たり前になっています。もし，Facebookやブログなどを公開しているなら，読む人が元気になる内容に心がけましょう。勤務校の様子が詳細に分かるような記事や，過激な表現や批判的な記事は書かないことが基本です。「教師・公人」という意識で活動するように心がけましょう。

Ⅱ章　クラス集団に響く！「叱り方」の技術60　121

5 思わず悩んでしまう！保護者対応・職員室での困った場面

3 子どもトラブルに対して保護者から苦情がきた

> ケンカや友達とのトラブルの後や，厳しく叱った日の放課後などに，保護者から苦情や問い合わせの連絡が入ることがあります。大抵の場合，少し気分を悪くしている様子がうかがえます。

こうしよう！

❶ 「怪しい」と思った時は，手間を惜しまない

　トラブルや厳しい指導の後で不満そうにしている子は，要注意です。このような子が，家に帰った後で保護者に伝えた場合，誤解が生じて思わぬトラブルに発展することがあります。

　子どもがスッキリしない顔で下校した時は，保護者に連絡を入れるようにしましょう。できる限り早く，事情を伝えることが大切です。担任の連絡によって，事実を正確に伝えることができます。「心配してくださってありがとうございます」と感謝されることがほとんどです。「まずいかも!?」と感じたら手間を惜しまず連絡することが大切です。

❷ 大ざっぱでも，素早い対応に心がける

　苦情や相談に対して何らかの対応が必要な場合は，大ざっぱでよいので，早く対応にとりかかりましょう。遅くても，次の日には保護者に提案できるようにします。素早い対応によって，保護者は「先生は，真剣に考えて動いてくれた」と思うものです。遅れてしまえば，どんなに完璧な策だったとしても意味がありません。機を逸しては全てが無になってしまうのです。

　対策を立てたらすぐ実行です。子どものための**素早い対応が，結果的に保護者を安心納得させる**ことにつながります。

「落ち込んでたわね…一応保護者に連絡入れよう」

気になった時は，すぐに連絡をとるなどの対応をすることが，保護者の信頼を得ることにつながる。

ここに注意！ NGの対応

　現代の教師の仕事は，超多忙を極めます。子どもが下校した後にも，雑多な仕事が残っています。しかし，何をさておいても，子どものトラブルに関することは，まず保護者への連絡を入れておくように心がけましょう。「後で連絡を入れよう」などと後回しにしてしまうと，うっかり忘れてしまうこともあります。後になって苦情の連絡が入ってしまえば，相当の時間と労力を費やすことになってしまいます。保護者対応は，「先手必勝」が基本です。

教師力をアップする！ プラスα対応

　友達同士のトラブルは，その日のうちに解決，または双方を納得させる。教師の指導については，指導した理由を説明して，その場で納得させる。その日起きたことは，できる限りその日のうちに解決して下校させるのが基本です。
　完全には解決できないことも，納得しきれないこともあるでしょう。しかし，授業や学級活動，そして会話などで子どもたちの気分を明るくさせて，笑顔で楽しく下校させるように努めましょう。

5 思わず悩んでしまう！保護者対応・職員室での困った場面

Ⅱ章　クラス集団に響く！「叱り方」の技術60　123

5 思わず悩んでしまう！保護者対応・職員室での困った場面

4 保護者がクレームで学校に来た

> クレームで来校してきた保護者の言い分を聞いていると，独断的な見方や勝手な言い分ばかりが目につきます。そのような保護者に対しては，緊張して身構えてしまいます。

こうしよう！

❶ 相手の気持ちを解きほぐす

　保護者にとって学校は敷居の高いもの。わざわざ来校してくるのですから，保護者にとってとても重要なことで来ると考えましょう。決して「つまらないことで……」「何しに来るの」などと思わないことです。**「忙しい中，子どものためにようこそ」の精神で迎え入れ，自然に笑顔で対応**するように心がけましょう。

　自分の話を否定的に聞いていると感じると，相手は，「自分の気持ちを分かってもらえない」と反発するものです。自分勝手でわがままな部分もありますが，中には，うなずける部分も必ずあるはず。「その気持ち分かります」という一言で，保護者との距離を縮め，話し合いが円滑に進むように努めることが必要です。

❷ 余裕をもって対応する

　笑顔で迎え入れ，保護者に共感できるためには，余裕をもって保護者に対応する必要があります。「苦情を言ってくる親を目の前にして余裕なんて……」と思うかもしれません。しかし，保護者も教師と同じ「人間」です。怒りもすれば笑いもし，分かり合うこともできるのです。そう考えて対応することによって，こちらの考えを保護者に理解してもらうこともでき，前向きな話し合いが可能になります。

笑顔で迎え入れ，共感のひと言をかけることで，相手の気持ちが和らぎ，円滑で前向きな話し合いが可能になる。

ここに注意！ NGの対応

保護者が来校した時，「ちょうどいいところに……」などと，余計なことを言わないことです。何気ないひと言で，「何か言いたいことでもあるの？」と，相手の気分を害してしまい，気持ちをさらにヒートアップさせる原因にもなりかねません。興奮している相手の感情をよく考えて，言葉は慎重に選びましょう。また，共感のひと言が大切だからとは言え，納得できないことや，他の人を否定するような話にうなずいてはいけません。教師として，子どもを思う親の気持ちに「その通り」と心から感じることに共感できる感性を養うようにしましょう。

教師力をアップする！ プラスα対応

保護者と一緒に問題を解決していくという気持ちで話し合いに臨みましょう。自分に至らない点があれば素直に謝罪して，改善できることがあれば改善策を提案します。子どものために，真剣に考えていきたいという真摯な姿勢を示さなくてはなりません。クレームを言ってくる保護者は，こちらの誠意を理解してもらえれば，逆に心強い応援団になってくれることが多いものです。

5 いじめ問題を起こしてしまった

5 思わず悩んでしまう！保護者対応・職員室での困った場面

> 保護者は，子どもの友達関係に，日々神経を張り巡らせているようです。いじめが起きた場合，保護者の理解と協力を得るためには，どうすればよいのでしょう。

こうしよう！

❶ ことあるごとに，報告と相談を

　グループから外される，無視される，からかわれやすい，非難を受けやすい，持ち物へのいたずら，暴力を受ける……。いじめの兆候が見られたら，事実を正確に把握して，学校全体で対応します。

　いじめは，一朝一夕では解決が難しい問題です。子どもの様子や，学校の取り組みと経過など，些細な情報を保護者に報告して，相談したり協力を求めたりしなくてはなりません。加害児童，被害児童の双方を注意深く観察して，**機会ある度に指導し，その都度保護者に連絡を入れて，安心してもらえるように努める**ことが大切です。

❷ いじめとたたかう決意を見せる

　もしも，クラスの多くの友達から無視されたり，暴力をふるわれるような深刻ないじめがあれば，被害児童の保護者に対してはもちろんのこと，加害児童とその保護者や，クラスの子全員に対して，学校全体でいじめられている子を守ることを宣言し，いじめとたたかう姿勢を示します。いじめを憎み，たたかう教師の姿勢を見せて，被害を受けた子と保護者だけでなく，全ての子どもと保護者の信頼と安らぎを取り戻すよう努めましょう。また，加害児童の保護者にも理解してもらい，協力を得ることにも力を尽くさなくてはなりません。

> 子どものこと
> よく見てくれて
> いる先生ね
> 信頼できるわ

> 今日，
> 先生がね…

いじめの前兆を見逃さず，的確に全力で指導することでいじめを予防することになり，子どもも保護者も安心できる。

ここに注意！ NGの対応

　いじめは，いきなり起きるのではありません。些細なもめごとや，遊び半分の冷やかしやからかいが徐々にエスカレートして，深刻ないじめに発展してしまいます。ですから，「これがいじめ？」と思えるようなかすかな兆候を見逃してはいけません。子どもが「遊びです」などと理屈をつけても，決して逃さずに追究し，軽微なうちに全力で解決する姿勢を見せなくてはなりません。火事と同じで，いじめは消火が比較的簡単な「小さな火種」のうちに消し止めてしまうことが，対応の基本です。

教師力をアップする！ プラスα対応

　子どもや保護者の相談には，真剣に耳を傾けなくてはなりません。「それは考えすぎ」「単なるイタズラ」などと思ってはいけません。いじめが発生したとなれば，対応には相応の労力が必要になります。それを煩わしく感じて，「それは，いじめではない」などと，逃げることなど，もってのほかです。その子とクラス全体を観察する目をさらに厳しくして，「いじめの前兆」はないかどうかを見極め，対応しましょう。

Ⅱ章　クラス集団に響く！「叱り方」の技術60

5 思わず悩んでしまう！保護者対応・職員室での困った場面

6 保護者同士のもめごとに意見を求められる

保護者同士のもめごとには困ってしまいます。保護者同士の関係が悪くなって，子ども同士の関係に悪影響を及ぼし始めました。子どもの指導にも気をつかわなくてはならず，学級経営にも響いてしまいます。

こうしよう！

❶ 保護者のつながりが子どもの成長を促す

　保護者同士が仲のよいクラスは，担任の学級経営方針を理解し，惜しみない協力が得られます。保護者には，互いに連携してクラスの子どもたちを理解してもらうのが理想です。保護者会で，子どもとの関わり方や理解などについて，ともに考える時間をつくりましょう。意見を交流することで，保護者同士の強い連携をつくり，学級集団の高まりの中でこそ個々の子どもの成長が期待できるということを理解してもらう必要があります。保護者の連携は子どもの成長に欠かせないものであり，教師にとっても心強い味方にすることができます。

❷ 子どもを核にして連携する

　保護者会で，子どもに行った授業を保護者に体験してもらったり，学級通信で，授業の様子を詳細に伝えたりしましょう。保護者には，授業中の子どもの反応や，身につけさせたい力，授業を受ける子どもの気持ちなど，日頃の様子が伝わるように工夫します。子どものがんばりや気持ちを体験したり理解したりしてもらう機会をできる限り多くつくり，**子どもを核にして，保護者が同じ気持ちを共有することができる**ようにしていきます。また，叱り方やほめ方，子どもとの関わり方について，担任の思いを伝えながら，ともに考えるようにもします。

> 人参なんか食べたくないと子どもが言ったらどうしますか？

> いろいろな考え方の人がいることが分かったわ

> 私ならがんばって食べさせるわ

> 無理に食べさせて余計嫌いになっても困るし

教師と親，親同士の連携が，クラスの団結を強め，子どもの成長を促すことにつながる。

ここに注意！ NGの対応

　保護者同士のトラブルには，一切関与しないのが基本です。互いの言い分が明らかに異なりますから，下手に関わるとどっちつかずの状態になって，双方に不信感を抱かせることになります。どちらか一方に理解を示すわけにもいきません。関与するのは控えましょう。
　「子どもが楽しく充実した学校生活を送るために力を尽くすのが役割」と言いきり，子どもへの指導に全力を注ぎましょう。

教師力をアップする！ プラスα対応

　保護者と教師の連携がうまくいくと，教師は，子どものためにより真剣に力をそそぎたくなります。そして，保護者は我が子の成長を信じて担任のやり方を大らかに見守るようになります。逆に，保護者と教師の連携がとれなくなると，自ずと教師の士気は下がります。さらに，学ぶ楽しさを味わえない子どもは担任不信になり，保護者からのクレームにもつながるという悪循環に陥ります。保護者と担任とが理解し合い，連携することは，質の高い教育をする機会を守ることです。保護者と教師の連携もまた，子どもを育て，守っているのです。

5　思わず悩んでしまう！保護者対応・職員室での困った場面

5 思わず悩んでしまう！保護者対応・職員室での困った場面

7 家庭でも生活習慣を身につけてほしい

早寝早起きや，テレビやゲームとの付き合い方，整理整頓や忘れ物対策などの基本的生活習慣を身につけさせるために，どのようにして，保護者の協力を得ればよいのでしょうか。

こうしよう！

1 会話を増やすことのすすめ

　最近は，早寝早起きやあいさつをはじめとする基本的生活習慣が崩れている子が増えています。基本的生活習慣の教育の場である家庭の教育力が衰えているのです。そこで保護者には，**子どもと会話をする時間を少しでも増やしてもらう**ようにお願いしましょう。子どもは，家族とのコミュニケーションを望んでいます。学校や塾を終えてできるわずかな時間を，家族と楽しみたいと思っています。もしかすると，夜遅くまで起きているのは，家族と一緒にいたいからなのかもしれません。ほんのわずかな時間でも親子の会話時間をとることで，心が安定して，子どもらしく元気に生活することができます。それこそが，安定した生活の基盤になると考えられます。

2 「子どものため」を前面に出す

　保護者に協力を要請する時，「家で〇〇〇をやらせてください」という言い方では不十分です。この伝え方では，保護者に，「うちの子はダメってこと？」と受け取られかねません。「学校では，このような方法を伝えています」などと，学校の取り組みを紹介しながら，子どもの自立を促すことを目的にして，協力して指導していきたいという思いが伝わるように工夫しましょう。

具体的なアドバイスや，子どものためを思う気持ちを伝えれば，親も協力的に。

ここに注意！ NGの対応

「しっかりやれないと，学校（担任）が困る」と，受け取られかねないような伝え方にならないように，十分に配慮しましょう。たとえば，

「衣服の着脱が遅くて，他の子の迷惑になる」

「時間を守れないので，授業の進行に支障が出る」

という意味の言葉は，いくら，言葉を選んで伝えたとしても，保護者の気分を悪くしてしまいます。いくら，自分の子どものためだとは思っても，不信感をもった教師の助言を受け入れることは到底できません。協力してくれないばかりか，反発して，攻撃するようになってしまいます。親にとって大切なのは，クラスでも友達でもなく，我が子だけなのです。

教師力をアップする！ プラスα対応

たとえば，毎朝決まった時刻に「目覚めのお気に入りソング」を流す方法。テレビとうまく付き合うために，新聞やネットのテレビ欄を子どもと一緒に見て，見たい番組にマーカーで色を付けて視聴計画を立てる方法。忘れ物防止に，連絡帳にチェック欄を設ける方法など，保護者にはより多くのアイデアを提供しましょう。

5 思わず悩んでしまう！保護者対応・職員室での困った場面

8 家庭でも学習習慣を身につけてほしい

安全面への配慮から，放課後の居残りで補習をすることが難しくなりました。基礎学力の定着のためには，家庭の協力が必要なのですが……。

こうしよう！

❶ 必要最低限のチェックをしてもらう

漢字や計算の練習を宿題に出して，学力の定着をはからせたい子がいます。しかし，このような子に限って宿題を適当にやったり，さぼってやってこなかったりするものです。そこで，保護者の協力が必要になります。しかし，**過剰に協力を要求すると「学校でやるのが筋」と苦情が出る**場合が多々あります。そこで，宿題を最後まで丁寧にやったかどうかだけでも，声かけをしてもらうように頼みます。やっていなければ，本人が嫌がっても学校の休み時間にやらせることを承諾してもらいます。保護者の許可をもらえれば，気がかりなく指導することができ，子ども本人も「休み時間がなくなるくらいなら」と真剣に宿題に取り組むようになります。

❷ やり方を習得させて下校させる

計算の仕組みや，漢字の筆順や使い方などは，必ず学校で習得させておかなくてはなりません。学校で習ったことを確実に定着させるためには家庭での練習が必要ですから，それをしっかりやるように協力してもらいます。やり方を説明できるようにしたり，やり方をノートにメモさせたりして下校させるなど，家で練習する時に，子どもが「やり方」を保護者に説明することができるようにしておきます。

［吹き出し（男性教師）］
宿題は、……という意味で出しています
チェックだけお願いできますか？

［吹き出し（保護者）］
分かりました　毎日チェックします
先生の言うように宿題は大切だわ

学習習慣と，基礎学力の補充のための宿題を出すことで，保護者の理解と協力を得ることになる。

ここに注意！　NGの対応

「理解していないので，おうちで教えてあげてください」というような，協力の仕方は，絶対にしてはいけません。学校である程度理解できるように学ばせるのが教師の仕事です。帰宅して「何も分からない」と子どもが訴えたら，親は，教師のことをどう思うでしょう。

　また，あまりにも毎日のように細々としたことまでお願いするのも避けましょう。保護者も忙しいので，そのうち，担任のやり方にうんざりする危険があります。

教師力をアップする！　プラスα対応

　学習する習慣を身につけさせるためにも，漢字練習や計算練習など，「毎日必ずある」という宿題を作りましょう。保護者も，「今日は宿題ないの？」と聞く必要がなくなり，子どもも「今日は，宿題ないよ」とごまかすことができません。量は少なめで十分です。宿題の「定番」をつくり，家で机に向かう習慣をつけさせることで，苦手なジャンルの宿題にも，取り組む力が向上していきます。

Ⅱ章　クラス集団に響く！「叱り方」の技術60

5 思わず悩んでしまう！保護者対応・職員室での困った場面

9 トラブルが起きたので誰かに相談したい

特にトラブルが起きた時に，頼りになるのは，同僚だと思います。子どもや保護者が大変でも，職員同士が理解し合えば，何とかなりそうです。良好な関係づくりのために，何が必要なのでしょうか。

こうしよう！

❶ 協力して，支え合う関係に

　経験が少ないうちは，思うように仕事を進めることができません。同僚の教師からアイデアをもらいながら，自分なりの工夫をして仕事を進めましょう。教室掲示に自信がある教師，生活指導で経験を積んでいる教師，ダンス指導なら誰にも負けないという教師……。それぞれの教師が得意な分野で力を出し合い，いざという時，支え合うことのできる関係を築くことが大切です。**「自分はできる」と傲慢にならず，他の教師の力を認める気持ちをもつ**ことです。自分を認める人を避ける教師は，まずいません。些細なことであっても，同僚のよさを見つけて認めて，良好な人間関係を築く努力をしましょう。

❷ 様々な意見を吸収する

　いくら能力に秀でていても，自分1人の力など，たかが知れています。様々な子どもや保護者に対応していかなくてはならないのが，教師という仕事です。考え方の幅を広げながら，確かな教育観を身につけることで，柔軟に対処することが可能になります。そのためには，日頃から同僚の言葉に耳を傾け，よいと思うことを吸収しなくてはなりません。人の意見を受け入れる謙虚な姿勢を保つことで，自然と様々な情報が飛び込んでくるようになるものです。

同僚のよさを認め，教えを請う謙虚な姿勢をもつことで，良好な人間関係を築くことができる。

ここに注意！　NGの対応

　同僚が困っていても，自分の仕事を最優先して，何も手を貸さない。困っているのを知っていても，知らんぷり……。日頃からそのような接し方をしていては，誰からも信頼されることはありません。また，「自分の方がすごい」と自慢するような態度をとったり，相手をバカにするような目で見たりするようでは，周りの人から疎んじられるようになってしまいます。そのような姿勢でいて，もし何かトラブルが起きたとしたら，「あなたは，自分でやれるんでしょ？」と，誰からも手を差し伸べてもらうことはできません。

教師力をアップする！　プラスα対応

　自分に割り振られた仕事以外に無頓着でいてはいけません。自分の仕事が早く終わって時間に余裕ができたら，他の教師の仕事も手伝うようにしましょう。相手からは喜ばれるのは当然ですし，学校の様々な仕事を学ぶこともできます。できれば，エキスパートに教えを請い，それぞれの仕事の技術を吸収するよう心がけましょう。仕事の幅を広げることが，小学校の教師には絶対的に必要です。

5 思わず悩んでしまう！保護者対応・職員室での困った場面 10 先輩教師に教えてほしいことがあるけど

> 授業力や学級経営力を身につけるために、様々なことを学びたいと考えています。どうすれば、教師としての力量を高めることができるのでしょうか。

こうしよう！

❶ 謙虚な人ほど，力のある人

　学級を任されると，自分本位の考え方ややり方が最高だと思い込んでしまいがちです。そのことが，おかしなプライドを教師に植え付けてしまいます。人の実践に対して，「そんなの大したことじゃない」「自分の方が優れている」「教えを請う自分が劣っているように思われるのではないか」などと，素直に認めることができなくなってはいないでしょうか。それでは力量を伸ばすことはできません。「素晴らしい」「いいねぇ」とピンとくるものがあれば，自分から進んで教えを請い，受け入れる素直さを保ち続けることが大切です。

❷ 教えを請うと喜ばれる

　自分の実践を認められたり，「教えてください」と教えを請われたりして，嫌な気分になる教師はいません。**日頃から他の教師を認め，教えを請う人は，相手から好感をもって受け入れられる**ようになります。進んで仕事の仕方や実践を教えてもらえるようになっていきます。こちらから教えを請わなくても，有益な情報が自然に入ってくるようになります。無理をして教えを請う必要はありませんが，授業や学級経営で悩んでいることがあれば，迷わず相談するように心がけ，生かすようにしていくことが大切です。

> 漢字の指導でこんな方法が効果的でした…

> すごいですね！もっとくわしく教えてください

相手を認め，素直に教えを請う姿勢があれば，有益な情報が自然に入ってくるようになり，仕事の力量を上げることにつながる。

ここに注意！ NGの対応

　ある程度経験を積んで，授業が成立し始め，学級経営も軌道に乗り始めると，「自分はできる」と勘違いするようになっていきます。しかし，それは思い上がりというもの。自分の実践や経験など，取るに足らないものだと，気を引き締めなくてはなりません。どれだけ学んだとしても，分からないことやうまくいかないことの方が多いのが真実です。世の中には経験豊かな教師がごまんとおり，優れた実践が山ほどあります。「自分はできる」と思い上がった瞬間から，謙虚に学ぶ姿勢を失い，有益な情報から遮断されて，仕事の質と効率を上げる力が身につかなくなってしまいます。

教師力をアップする！ プラスα対応

　他の教師の素晴らしいところを発見し，教えを請いたいと思う気持ちを，素直に態度や言葉で表し，相手に伝えることが大切です。「すごいなぁ」「さすがですね」と，気持ちを込めてうなずくようにしましょう。気持ちは，相手に伝わってこそ値打ちがあります。そして，そのような姿勢は，子どものよさを認める力を伸ばすことにもつながります。

5 思わず悩んでしまう！保護者対応・職員室での困った場面

Ⅱ章　クラス集団に響く！「叱り方」の技術60

5 思わず悩んでしまう！保護者対応・職員室での困った場面

11 1人でトラブルを処理しきれない

子どもや保護者とのトラブルが起きた時，どのように対応すればよいか悩むことばかりです。自分だけでは対応するのが難しいことも多く，どうすればよいか不安です。

こうしよう！

❶ 冷静で的確な対応が，誠意を表す

　チームで対応する方法のよいところは，複数の教師で役割分担して対応できることです。話し合いを進める役割，事実確認や子どもの様子を報告する役割，対応策を決定する役割……。役割を分担することで，それぞれが冷静に対応することが可能になります。相手を受け入れる余裕もでき，落ち着いて話し合いに応じたり，自信をもって対応することができます。**トラブルが生じた時こそ，責任を1人で請け負うのではなく，学校全体で支える**ことで，冷静かつ的確に対応することができ，相手に誠意を伝えることもできます。チームで対応する必要性が，今後ますます高まる時代になっています。

❷ チームの中で，教師は育つ

　チームで対応することにより，職員間の連携がいかに大切なことか，日頃から良好な人間関係を築いておくことが，どれだけ心強いことなのか，トラブルが起きた時に痛いほど分かるようになります。

　また，チームで対応することで，相手との向き合い方や，相手との距離のとり方などの対応の基本を他の教師のから学ぶこともでき，自分の力量アップにつなげることができます。チームの中でこそ，教師は育つことができるのです。

校長先生が親側に座って敵対関係を薄めているのね

校長

担任

チームで対応してくれて，心強いわ

保護者

学年主任

チームで対応できる体制の下で，安心してトラブルに向き合うことができる。

ここに注意！ NGの対応

　トラブルがあったことを，「自分の力量不足だと思われたくない」と，隠そうとするのは，最も危険な考え方です。隠し通そうとして，自分１人の力ではどうにもならなくなり，他の教師に相談した時には，既に手がつけられないほど事態が悪化してしまったという話も，よく耳にします。何らかのトラブルが起きたら，早く相談して，軽微なうちにチームで対応するようにしましょう。トラブルはチームで対応するのが当たり前のことなので，決して遠慮することはありません。再び同じようなことが繰り返されないように，チームで対応してもらえるように，日頃からのコミュニケーションを大切にしましょう。

教師力をアップする！ プラスα対応

　トラブルが起きたら，必ず学年主任や生徒指導主任に相談して，対応するようにしましょう。そのためにも，教師間の日頃の人間関係を良好に保ち，授業や生徒指導の情報を交流するように，進んで話しかけるように心がけ，トラブルが起きた時，チームで対応することのできる体制をつくっておくことが大切です。

5 思わず悩んでしまう！保護者対応・職員室での困った場面

12 職員室で陰口をしているのを聞いてしまった

職員室や廊下などで，子どもや保護者，同僚の批判や陰口で盛り上がっているのを目にすることがあります。何とも陰湿な雰囲気が漂っていて，嫌な気分になってしまいます。

こうしよう！

❶ 「陰」から遠ざかる勇気を

　人のうわさ話や悪口をすると，その人の人格が疑われることになります。結局「あの人は，人の悪いところばかりに目がいく」「心からは信用できない」と，周囲から信頼されなくなり疎まれるようになってしまいます。**うわさ話や悪口には一切関わらない**ことです。もし，周囲でそのような話が始まったら，その場を去って他の場所で仕事をする勇気をもちましょう。それが無理なら，あくまで無関心を装い，決して耳を傾けたり，会話に参加したりしないように心がけることが大切です。万が一，会話に引き込まれそうになっても，言葉を濁して，興味がないということを相手に暗に伝えるようにしましょう。

❷ 「教育者」に恥じない行いを

　私たち教師は「いじめはいけない」「陰で人の悪口を言ってはいけない」と，ことある度に子どもを指導しています。子どもを正しい方向に教え導く立場にある教師が，日頃から子どもに教えていることと反する行為をしていたのでは，ペテン師にも劣ると言わざるを得ません。教師としてではなく，人として恥ずべき行いであると心しましょう。子どもや保護者から信頼される教師になるためにも，教育者の名に恥じない行いに心がけるべきです。